中国做对了什么

国际政要精英全球访谈

环球时报·环球网 主编

浙江人民出版社

图书在版编目（CIP）数据

中国做对了什么：国际政要精英全球访谈 / 环球时报·环球网主编．—杭州：浙江人民出版社，2019.11

ISBN 978-7-213-09505-4

Ⅰ．①中… Ⅱ．①环… Ⅲ．①时事评论–中国–文集 Ⅳ．① D609.9-53

中国版本图书馆 CIP 数据核字（2019）第 226954 号

中国做对了什么：国际政要精英全球访谈

环球时报·环球网 主编

出版发行：浙江人民出版社（杭州市体育场路 347 号 邮编 310006）

市场部电话：(0571) 85061682 85176516

责任编辑：陶辰悦

责任校对：戴文英

封面设计：水玉银文化

电脑制版：阳光盛嘉

印　　刷：三河市龙大印装有限公司

开　　本：710 毫米 × 1000 毫米 1/16

印　　张：20

字　　数：230 千字

版　　次：2019 年 11 月第 1 版

印　　次：2019 年 11 月第 1 次印刷

书　　号：ISBN 978-7-213-09505-4

定　　价：68.00 元

目 录

第二篇　经济增长：我们为什么相信中国经济

第三篇　大国外交：中国影响力为什么越来越大

第四篇　联通世界：“一带一路”为什么将引领新型全球化

第五篇 聚焦中美：未来的大国关系如何发展

第六篇 文化底蕴：世界如何认识中国经验

序

探索中国成功奥秘成国际显学

2019年，是伟大的中华人民共和国成立70周年。70年来，在中国共产党的领导下，中国发展进步神速，被誉为人类文明史上的奇迹。“中国学”，或曰“中共学”，正成为很热门的国际显学。

对待中国的腾飞，国际人士按态度分，大致有三种人。第一种人，兴高采烈，高度评价，直呼“中国的进步也是世界的进步”；第二种人，对中国缺乏认知或存在误解，但听得进关于中国的真实故事；第三种人，处心积虑地诬陷抹黑中国，一心想阻挡中国前进的步伐，这部分人心地阴暗，能量不小，时常兴风作浪。因此，维护伟大祖国的形象，消除国际社会关于中国的种种谬误看法，是每个公民的职责，新闻出版界更有义不容辞之责。本书取名为《中国做对了什么——国际政要精英全球访谈》，收录了数十位外国政要精英的谈话和文章，意向明确，蕴含深意。

该书所选文章的作者和访谈对象都是研究中国问题的知名专家，其中不乏美国的吉米·卡特、亨利·基辛格、史蒂芬·罗奇、罗伯特·库恩等耳熟能详的政要精英，英国的艾伦·麦克法兰、马丁·雅克等著名学者。他们凭借对中国长期深刻的观察、对世界全局的了然于胸，客观分析中国的成功之道和造福人类的不世之功，反驳西方舆论对中国的无端指责。谈话和文章内容丰富，持论公允，说理透辟，极具说服力和感染力，在读者中反响甚佳。

中华人民共和国成立 70 年来，中国经济取得惊人的增长。2010 年，中国国内生产总值（GDP）达 41.21 万亿元，超越日本，从一穷二白成长为全球第二大经济体。2018 年，中国国内生产总值（GDP）突破 90 万亿元，是 1952 年的 1325 倍；2018 年，中国进出口总额超过 30 万亿元，比中华人民共和国成立初期翻了 7382 倍。而且，中国明确要在 2020 年全面建成小康社会，中国人民的幸福指数还将大为提升。

在书中，专家们从不同角度阐释了中国的经济决策和成功经验，分析了中国何以能在短短几十年里铸就惊世骇俗的辉煌。在书中，专家们高度评价中国的外交战略和成就，赞赏中国源源不断地向国际社会提供引领时代潮流的外交理念和公共产品，像人类命运共同体、“一带一路”倡议等。在书中，专家们批驳形形色色的“中国威胁论”。美国前总统吉米·卡特对公众说，2019 年 4 月的一天，特朗普总统跟他通电话时表示了对中国“正走在美国前边”的忧虑。吉米·卡特回答：“你知道原因吗？我在 1979 年使美中关系实现正常化。你知道从那以后中国发动了几次战争？零。而我们一直在打仗。”卡特说，美国在242年的建国历史中仅有16年没有打仗，美国堪称“世界历史上最好战的国家”。吉米·卡特说得很到位。两个国家，一个一心搞建设，一个醉心于战争，动不动就展示“肌肉”，谁是“威胁”？书中有的文章指出，“炒作中国‘债务陷阱’非常荒谬”；有的专家表示，“美对华加征关税的借口说不通”。

很多人在剖析世界主要国家的政治制度和国家治理模式后，对中国现行政治模式青睐有加。很多篇文章标题鲜明醒目，像《中国共产党是如何引领中国走向成功的》《中国不需要多党制》《没错，“中国模式”优于“西方模式”》《中国不可能采取西式民主》，等等。

中国有重视外国人看法的传统，不可否认其中有“崇洋”观念的历史残存，但如今更多彰显的是中国人“兼听则明”“有容乃大”的宽大胸襟和思维方式。听听来自域外的声音，有利于我们正确认识自己，既不妄自菲薄，也不妄自尊大，在扬长避短中走正确的路。这是“外国人看中国”一类的栏目在中国媒体上经久不衰的原因，也是编辑出版本书的初衷。从外国专家对中国的看法中，我们不难发现中国道路自信、理论自信、制度自信、文化自信的国际依据。

是为序。

马世琨

（环球网高级顾问、人民日报原国际部主任）

2019年7月

第一篇　治理模式：中国政治制度的优势在哪里

▶ 中国的成功源于中国共产党的成功，源于中国共产党建立中国特色社会主义制度的成功。中华人民共和国成立 70 年来，特别是改革开放以来，中国政治稳定、经济社会取得巨大成就，日益走近世界舞台的中央，为国际社会作出巨大贡献，为世界“提供另一种选择”的可能。如今，“中国共产党为什么能”“中国特色社会主义为什么好”等成为国际社会的显学和焦点。越来越多的国际学者专注于“中共学”“中国学”，其目的在于探寻中国共产党治国理政的经验，解析中国社会主义建设成功的密码。他们认为，不了解中国共产党，就很难了解中国。

［墨西哥］海因茨·迪特里希：执政党的素质决定了中国成功

▲"21 世纪社会主义"理论创始人海因茨·迪特里希（《环球时报》/ 供图）

新中国成立 70 周年，中国的社会主义建设也成为国际学者的重点研究对象。"21 世纪社会主义"理论创始人、墨西哥城市自治大学教授海因茨·迪特里希 2019 年 7 月初来华，考察社会主义在中国的发展现状与前景。76 岁的迪特里希生于德国，在德国完成大学学业后前往墨西哥从事政治学领域的研究，是全球著名的社会学家、政治理论家，其创立的"21 世纪社会主义"理论影响了很多拉美国家。他在接受环球时报记者专访时表示，中国在全球社会主义发展中扮演重要的“可参照物”角色。结束中国之行前，迪特里希表示，在中国看到的一切让他更加坚信，中国正走在“一条无比正确的轨道上”，它是为世界“提供另一种选择”的希望。

● 21世纪社会主义要符合新的社会模式

环球时报：“21世纪社会主义”和20世纪在全球风起云涌的社会主义或共产主义有什么主要区别？

迪特里希：世界上最早的社会主义国家是苏联，那是20世纪的社会主义，它是为工业社会而设计的一种制度，曾在很多方面都非常成功。但在20世纪80年代和90年代，这一模式陷入危机，原因是当时的一些社会主义国家没有根据时代发展的新情况更新自己的模式，所以它们崩溃了。21世纪社会主义是指一种仍以马列主义思想为基础，但符合21世纪条件的新的社会模式，它必须适应新的技术、政治条件，尤其是解决20世纪在苏联等社会主义国家出现的政府、党和群众分离的问题，让民众更好地参与社会的发展和决策。简言之，这是一个更民主的社会主义。

不过，这一民主并不是西方式的民主。我认为，西方式的民主是一种“虚幻的民主”，民众只有在四年一次的大选时才有一点真正的权力，其他时间则根本无法真正参与权力运行。而21世纪的社会主义（国家）——比如中国——将为这个问题提供更好的答案，尝试给民众在政治、经济、文化等领域最大限度的决策权。

环球时报： 有些人提到苏联解体、东欧剧变时，会问社会主义还有没有生命力？

迪特里希： 社会主义当然还有生命力。马克思主义不仅是一种哲学，还是理解和改变现实的科学方法。只是马克思在他所处的时代并没有我们今天所拥有的新的技术条件。比如，20 世纪 20 年代一种对马克思主义经济理论的批评是，人类的头脑无法协调一个现代的经济体系，但今天，电脑、5G、互联网等技术支持的实时资讯和大数据的诞生，让我们已可以重新讨论市场和国家规划的关系，从而建立一个运行更高效但贫富差距更小的经济体系。

至于社会主义在 20 世纪遭遇挫折后能否在今天复兴，我想我们必须要区分 20 世纪和今天的社会主义：前者的确在很多国家崩溃了，但今天的中国已经很接近我设想中的 21 世纪社会主义，它已自我更新，并适应了新的时代条件。在全球范围内，社会主义的发展面临两个有利条件：一方面是中国取得的经验和成功；另一方面则是西方体系的危机越来越严重。很多西方国家正面临经济低迷。而且在政治层面，由于西方式的民主没有兑现自己在政治、经济、生态等领域的承诺，人们对它的不信任感已越来越强。特朗普的当选正是西方式民主危机的表现之一。

● 社会主义模式本身没有失败

环球时报： 提到21世纪社会主义，很多人会想起查韦斯时代的委内瑞拉，以及厄瓜多尔、玻利维亚等国。除了拉美，还有哪些地区受到这一理论的影响？

迪特里希： 因为在20世纪80年代至90年代，拉丁美洲国家面临相当严重的经济问题，而当时大部分政府奉行的新自由主义政策并没能有效改善经济和民生状况。在这一背景下，人们开始寻找一种替代性的方案，巴西的卢拉、阿根廷的基什内尔以及委内瑞拉的查韦斯等一系列左派领导人出现，最后查韦斯对这些变革力量进行了一定程度的整合。这些领导人认为，21世纪社会主义和他们希望推动的改革有相似之处，进而采纳了这一理论。此外，拉美在20世纪80年代曾有全球最活跃的社会运动。我们有强大的工会、农民运动、工人运动和学生运动。直到现在，拉美依然是一个活跃度很高的社会。

2008年全球金融危机时，我和我的团队也曾为欧盟提供过一个向21世纪社会主义“过渡”的计划，当然主要集中在对金融领域的建议。我们的观点是，如果国家不能更多控制能影响到工业部门的金融领域，就不可能取得稳定的经济增长。对此，欧洲中央银行需要发挥与此前不同的作用，在造福民众、推动就业及稳定资本系统性危机方面扮演更加指导性的角色。不过，除非欧洲中产阶级的生活水平像一部分美国中产阶级那样恶化，人们暂时还不会寻找替代方案。

环球时报：一些拉美国家正面临一系列严重的经济、社会和政治危机。这能否说明21世纪社会主义的模式出现问题？还是另有原因？

迪特里希：是另有原因，而且每个国家的情况都不完全相同。总的来说，无论是委内瑞拉还是厄瓜多尔，都没有真正在其国内建立起这一模式。在委内瑞拉，查韦斯总统使用了“21世纪社会主义”这一名称，以构建更多人对其实施的社会改革的认同，但出于种种原因，他在生前并没有能真正在委内瑞拉国内建立起与这一制度相对应的机构。委内瑞拉只是一个依靠石油高收入的、受政府强大影响的混合经济体。目前，委内瑞拉既没有准备好继续推行这一模式，也没有能力进行经济现代化，因而造成种种困境。还有的国家，政权更替后完全倒向美国，并破坏了经济增长。所以，我认为，出现危机与政府执政能力有关，而非模式本身的失败。

● 中国共产党一直保持先锋者性质

环球时报：您认为中国在全球社会主义的发展中扮演怎样的角色？

迪特里希：中国在建设21世纪社会主义的历史进程中扮演着独一无二的作用。中国是世界上唯一一个经济强大、拥有先锋性的政党——中国共产党，同时又对马克思主义有高度理解的国家。在世界尝试解决资本主义国家无法解决的政治、经济、民主等基本问题时，中国最有可能与进步的西方政治家和学者一起为此作出贡献。值得一提的是，尽管中国不打算输出自己的模式，但中国的成功必然会令其成为许多国家的参照物。永远不要把一个国家的社会模式强加给另一个国家，因为每个国家的情况都是一个“独特的宇宙”。不过，不同的社会也经常面临一些共同的问题，并可以采取一些相似的解决方案。

环球时报：在您看来，中国为什么能成为世界上最成功的社会主义国家？

迪特里希：中国的成功有几个关键因素。一是执政党的素质。近百年来，中国共产党一直保持其先锋者的性质，不断适应外界的变化，做不到这一点的政党已像苏联共产党或欧洲一些国家的共产党一样消失了。在这一点上，中国共产党可以说是卓越非凡的。二是中国有杰出的政治领导人，他们都是推动中国发展的重要人物。三是中国有对经济和社会发展的科学规划。我们都知道“五年规划”在中国发挥的核心作用，它把短期计划和中长期计划有效结合在一起，避免国家以混乱的方式行动。令人惊叹的是，在过去很多年中，这些规划都基本得到落实。相反，苏联等国政府没有做到这一点，因为其规划不太切合实际。中国在这三方面的经验可以为许多国家所效仿。当然，中国的成功也有一些特殊的客观因素，比如国家规模、人口数量以及人口构成等。主客观因素共同解释了中国的发展奇迹。

环球时报：2019 年是中华人民共和国成立 70 周年，您对中国的未来发展有哪些建议？

迪特里希：中国如今有四亿“中间阶层”，未来随着中国经济的进一步增长，这个数字会达到八亿或九亿。这意味着中国在发展中已创造了一个新的社会阶层。同时，它还创造了许多大企业。这些新的力量在未来十年或更长时间里将发生怎样的互动？彼此间将怎样“谈判”和妥协？是否会导致国家权力结构的改变？这就是目前社会主义制度面临的一个基本问题。

正如我之前所说，西方民主基本是一场骗局，所谓“自由选举”经常不过是一场闹剧，而不是真正的大众权力的体现。那么，在社会主义国家，我们要怎样说服大众，在没有西式选举的情况下，我们仍然比美国有更多真正的民众权力？这是一个核心问题，所以社会主义国家应给出一个更好的答案，人民在这个体系中应更有影响力。

● 国际舞台就像一个足球场

环球时报：一个成功的社会主义中国对国际秩序会产生哪些影响？未来中国和西方尤其是美国该如何相处？

迪特里希：国际舞台就像一个足球场，只要有新选手上场，不管你愿不愿意，人们都会不可避免地进行比较，接下来，大家会跟随、模仿那个最佳选手，它所在的队伍也会扩大。在此背景下，中国的工业和其他经济发展政策在美国眼中势必会（对国际秩序）产生某种影响。在资本主义环境下，竞争永远存在，一个新的参与者总会不可避免地被视为对手。不过，对美国来说，压制中国为时已晚。

我相信未来的世界将是一个多极化的世界，有中国、欧盟、美国、俄罗斯，以及十年后，我们也必须接受印度成为其中的一员。不过，目前看来，阵营的划分或许不会依据意识形态，而是根据各国的国家利益，比如中国和俄罗斯的联合。我们需要找到合理的方法避免“选手们”在同一个场地中的激烈竞争，因为这对世界来说将是危险的。

（摘编自《环球时报》2019年7月19日，原标题为《“21世纪社会主义”理论创始人：执政党的素质决定了中国成功》，作者为环球时报记者白云怡）

政党大会：
一场世界级“公开课”

“以前没有听说过哪个国家的政党搭建如此巨大的党际交流平台。”环球时报记者参与报道中国共产党与世界政党高层对话会期间，几乎每一位接受采访的与会代表都如是感叹。在为期四天的政党大会（2017年11月30日至12月3日）上，记者在现场见识了中方议题设置的广度与深度，从巡视制度常态化到“三农”问题，从反腐到共享单车，介绍中国现实的话题可谓无所不包。与此同时，记者也感受到来自120多个国家近300个政党及政治组织代表对中国共产党和中国的好奇心。在各个专题研讨会上，几乎每一个互动环节都超时。12月3日，政党大会在北京闭幕。大会通过《北京倡议》，强调政党间应增进互信、加强沟通、密切协作，探索在新型国际关系的基础上建立求同存异、相互尊重、互学互鉴的新型政党关系，汇聚构建人类命运共同体的强大力量。

一书难求——治理经验最受瞩目

2017 年 12 月 2 日，北京已进入寒冬，钓鱼台国宾馆里的池塘都结上了薄冰。这样的天气却与国宾馆芳华苑大堂内的气氛形成鲜明对比。“西语版的再来三本！”“请问还有斯瓦希里语的吗？”“麻烦拿一本英语，一本法语的，谢谢！”……这是位于大堂左侧的柜台发放《习近平谈治国理政》时的热闹场景，来自各国的政党代表都在争先恐后地领取这本中国国家领导人的著作。一名非洲代表捧着三本书，难掩喜悦之情地对环球时报记者说：“我要带回去给同事和朋友。只可惜这本书很厚，我担心托运行李超重，没办法带太多。”第二天，记者再去这个柜台时，书籍已被领完。

领书一幕从侧面反映出，世界各国的政党和政治家想要了解与学习中国经验的迫切心情。一名埃及代表对记者表示：“你们拥有世界上最快的火车、覆盖最广的高铁网、最发达的共享经济和网络支付手段。中国不要再认为自己还落后，你们已经是很多国家希望学习的榜样。”

从政党层面来说也是如此。此次参会的既有来自发展中国家的政党，比如泰国民主党、哈萨克斯坦祖国之光党，也有诸如美国民主共和两党、英国保守党等西方传统大党，当然还有来自越南、古巴、英国等国的共产党。吉布提争取进步人民联盟总书记、政府财政部部长达瓦莱接受采访时表示：“中国共产党治理的是世界上人口最多的国家，其面临的挑战也会是许多发展中国家在寻求现代化与工业化过程中必将遭遇的挑战。中国共产党的经验对发展中国家来说是宝贵的。”

发达国家同样希望从中共这里有所收获。参会的中国学者复旦大学中国研究院研究员宋鲁郑认为，西方国家很好奇中国共产党是如何成功抵御民粹主义及资本的渗透、束缚、干预和控制。如今的西方政治日益民粹化、松散化和空洞化，中国共产党则可以制定长远的规划并有效执行，而且在国际上越来越主动地承担大国责任，参与各项全球治理问题，他们很好奇中国是怎么做到的。

“中国虽然是发展中国家，但它是全球经济增长的最大贡献国，也是吸引全世界的庞大市场。很多国家现在的最大贸易对象不是美国，而是中国。”丹麦哥本哈根商学院亚洲研究中心主任柏思德对记者说，“所以，研究中国和中国共产党不仅仅是发展中国家的需要。”

● 中共干部——年轻、努力而且高效

在政党大会现场采访期间，令记者印象较为深刻的是关于惩治与预防腐败的分组会议，来自中国、越南、奥地利、秘鲁、乌兹别克斯坦和厄立特里亚的嘉宾轮流发言表达各自看法。参与讨论的清华大学党委副书记、廉政与治理研究中心主任过勇发言表示，一个国家在经济转型的过程中必然会给腐败带来空间，因此腐败是每一个追求现代化、工业化的国家必然会遇到的挑战。

在互动环节，一名来自哥伦比亚的年轻嘉宾提出一个颇为尖锐的观点：“在拉美国家，甚至很多其他发展中国家，治理腐败是个难题。因为政治人物没有足够动力去改变有利于他们腐败和权力寻租的现行体制，这会导致年轻人对政治失望，进而导致没有新鲜血液参与政治活动。”

同样是发展中国家的中国，为何领导人能有强大的决心进行反腐，并在过去五年取得显著成效？奥地利社民党联邦干事长马茨奈特对记者表示：“中国共产党是中国唯一的执政党，拥有无限的责任。中共为

了国家长治久安和自身领导地位，对待腐败的态度肯定会与其他很多国家不一样。”

柏思德则认为，具有非常优秀的领导干部组成可能是中国成功的秘诀之一，这使得中国能拥有源源不断的年轻血液注入政治中，去替换腐朽的血液。他对记者说：“当我 1978 年第一次来中国时，很多中国官员都年事已高，给他们看的文件字体很大。但自邓小平时代以来，这种现象逐渐改变。从党的最高领导层就能看出来，越来越多年富力强、接受过良好教育的官员开始出现在中国政坛。”

对于现阶段的中国各级党政领导干部，柏思德的评价是“年轻、努力与高效”。他说：“这些人给中国年轻一代带来了对政治的热情与希望，也树立了很好的榜样。”

宋鲁郑对记者分析说，文化也是一个关键因素。在中国文化中，

▲2017 年 12 月 3 日，中国共产党与世界政党高层对话会在北京闭幕。图为中共中央政治局委员、国务委员杨洁篪出席闭幕式并致辞（中新社　李纯 / 摄）

父母对子女、学校对学生的关系中往往会产生“无限的责任感”，因此，中国共产党的政治家更是以天下为己任。他还表示，腐败与政治体制实际上没有直接关系，其更多的是来源于社会转型与贫困。

● 制度自信——中共形象大大加分

习近平总书记在2017年12月1日的开幕式上发表主旨讲话时表示：“我们不‘输入’外国模式，也不‘输出’中国模式，不会要求别国‘复制’中国的做法。”这一表述获得很多发展中国家代表的认可。他们表示，与某些西方国家相比，中国共产党的形象在这点上大大加分。

“不少西方国家在与发展中国家合作时喜欢说三道四，以‘民主人权’等说辞进行无礼的说教，这有时候会大大阻碍合作。有时候你反问他们自己的人权问题时，他们就不说话了。”埃及华夫脱党副主席胡萨姆对记者表示，“一些国家甚至以此为借口入侵其他国家，给当地人带来了灾难，也给自己的形象抹了黑。在这一点上，中国在非洲以及其他地区，都比西方国家受欢迎得多。”

吉布提财政部部长达瓦莱认为，很多西方国家的政府和媒体见不得中国在非洲的成功，经常造谣，喜欢拿政治体制说事，或者说中国是“新殖民主义”，“要控制非洲”等。“也许有些人会暂时相信这些刻意的抹黑言论，但是当中国充满诚意的投资和基建项目落地，给当地民众带来就业和生活改善时，这些负面言论就不攻自破了。”达瓦莱表示，相比于中国的实际行动，西方关于政治体制和“民主人权”的说教肯定就不受欢迎了。

除了不干涉他国内政的态度，在对话会期间，与会代表与外媒人士对中共的开放与自信也称赞不已，并感谢中国能搭建这样一个政党交流平台。一名外媒记者对环球时报说，他报道政治新闻已经很多年，“不知道世界上有如此多的政党。中共能与他们保持联系并邀请过来，实在很厉害”。这名记者表示，各国政党过去很少能进行既有广度又有深度的多边交流，而且，来自发展中国家政党的声音往往很难被世界听见。

在2017年12月3日的闭幕会上，中共中央政治局委员、国务委员杨洁篪表示，习近平总书记在开幕式上的主旨讲话，全面阐述了中国共产党关于构建人类命运共同体的主张，表达了中国共产党愿同各国政党一道，共促世界发展、共享世界繁荣、共掌世界命运的坚定决心。环球时报记者注意到，在闭幕式上，无论法国、加拿大等发达国家的代表，还是阿尔及利亚、蒙古国等发展中国家的代表，他们在讲话中都高度赞赏中国的担当，希望中国继续发挥作用。与此同时，来自苏丹、巴勒斯坦等多国的代表也都表示，希望中国能将政党大会办下去。虽然在国家间交流层面，有联合国等国际组织作支撑，但在政党间的交流上，很少有如此大型的国际平台。

（摘编自《环球时报》2017年12月4日，作者为环球时报记者杨升）

美俄学者谈“中共学”和国家治理：不了解中国共产党，就很难了解中国

“很高兴看到海外‘中共学’日益成为一门时代显学”“不了解中国共产党，就很难了解中国”“西方对中国的治理还有着根深蒂固的傲慢”“中国共产党的海外形象塑造就是向世界讲好中国故事”……2018年11月24日至25日，在复旦大学举办的“第三届国际中国共产党研究——新时代中国共产党国际形象塑造”学术会议上，数十位与会的国内外专家学者各抒己见，总结中国共产党国际形象塑造的相关经验。国际学界对中国共产党的研究已成为一门显学。美国加州大学伯克利分校东亚研究中心教授罗德明、俄罗斯科学院远东研究所副所长安德烈·奥斯特洛夫斯基会议期间接受环球时报记者采访，就海外研究中共情况、中国贤能政治、“中国式全球化”和改革开放等问题深入地发表了各自的看法。

●［美国］罗德明：中国发展道路比欧美更成功

环球时报： 逐渐扩大开放的中国，有人视之为机遇，也有人视之为威胁，还有人几度预测其将崩溃。您怎样看这些复杂的声音？

罗德明： 外界在一定程度上对中国的对外开放很关注，因为中国实际上非常精明地处理了对外开放问题。中国是一个能控制开放节奏，让对外开放朝着对自己有利的方向发展的发展中国家。这也是为什么就美中关系而言，美国政界自 2010 年以来意识到两国贸易关系中的条款使中国的收益超过了美国，并对中国持敌视态度。

环球时报： 为什么几十年过去了，西方一些国家的政要对中国发展之路和政治制度的看法好像仍在原点？

罗德明： 我认为，这是因为西方国家有一种倾向，希望中国变得“更像我们”“像美国人”。日本和新兴工业化国家的现代化进程，使它们对美国更加开放。西方从这些国家的历史中获得了某种程度的希望，这影响到西方对中国对外开放的看法。

中国的改革开放是一条不同的道路，在某些方面比英、法、德、美的道路更成功，发展更快，涉及更多人口。这是一件了不起的事，在很多方面都令人钦佩。我认为这必须引起关注，因为中国非常重要，非常强大。我们必须理解中国，因为它在世界政治中扮演越来越重要的角色，而且将来会发挥更大的作用。因此，我们必须了解是什么在推动中国的前进。中国人民在改革开放中发挥着巨大作用，因为人们有向前进步和推进现代化的强烈愿望。而改革开放成功，有中国共产党的指引。从某种意义上说，中国的政党制度为这个非常大的国家提供了某种团结和方向。如果在不同的地区有许多不同的党派，（推行改革）将会是很困难的。中国政党制度更有效率，但要避免犯错误。

环球时报：您认为，中国这些年在国际上的话语权是否有明显的提高？

罗德明：绝对有明显的提高，这点毫无疑问。

● [俄罗斯] 奥斯特洛夫斯基：俄罗斯要学习中国的经济体制改革

环球时报：您这次在题为《中国改革 40 年的社会——经济成果：中共形象提升的重要因素》的报告中说，20 世纪 80 年代初，中国和印度的社会经济发展水平差不多，但现在中国国内生产总值是印度的五倍。25 年前，俄罗斯经济规模比中国大，而现在俄罗斯的国内生产总值只有中国的 1/8，中国国内生产总值超越俄罗斯的时间是 1995 年。为什么您经常拿中俄作对比？

奥斯特洛夫斯基：中俄两国经济体制改革有很大区别。在 20 世纪 80 年代末时，苏联的戈尔巴乔夫常说“我们要进行改革”，但实际上只是空谈。所以我说，我们要看中国的改革，那里有各种各样最重要的改革方向。和中国一样，俄罗斯在发展道路上也有过社会主义基础，有过计划经济。现在中国推行中国特色社会主义道路，而俄罗斯拒绝了社会主义，直接进入了资本主义。我认为，俄罗斯应向中国学习如何从计划经济过渡到市场经济。中国是一步一步慢慢过渡，最终达到经济发展的目的。而俄罗斯在20世纪90年代初下定决心要一下子过渡到市场经济，结果失败了，不仅导致苏联解体而且在经济方面也没有取得什么成就。现在大多数俄罗斯百姓的生活水平下降了，只有10%的人生活水平大大提高。

环球时报：在中国改革开放40年的过程中，很多国家都给予大力支持。您能从中俄合作的角度，谈谈过去40年苏联/俄罗斯对中国改革开放的贡献吗？以及中国改革开放给俄罗斯带来了哪些有利因素？

奥斯特洛夫斯基：20世纪80年代，很多苏联的学者对中国经济体制改革不认可，认为中国无法在2000年完成工农业总产值比1980年翻两番的目标，因为在80年代看，这好像是一场梦。但中国提前五年就完成了这个目标。为什么苏联当时没采用中国经济体制的模式？最重要的原因是苏共中央领导干部认为，“中国政府走得太快了”。等1991年苏联解体后，当时的领导人也不认同中国经济体制改革模式，又认为“中国走得太慢了”。所以，俄罗斯选的新模式是实行价格自由化和私有化，结果就是现在俄罗斯经济赶不上中国。中国研究了俄罗斯的经验教训，不重走俄罗斯的道路，特别是不犯俄罗斯的错误，我想这就是俄罗斯对中国改革开放最重要的贡献。以前是中国向苏联学习，现在我们要向中国学习，学习中国经济体制改革。俄罗斯的经济发展过于依赖石油和天然气，我认为俄罗斯要发展机械工业、科学、教育、卫生，要向中国学习如何建立高新技术园区，专门研究中国经济体制改革的一些具体领域。

（摘编自《环球时报》2018年11月30日，原标题为《“不了解中国共产党，就很难了解中国”：听四国学者谈“中共学”和国家治理》，收入本书时有删节。作者为环球时报记者戚席佳）

［英国］罗思义：
没错，“中国模式”优于“西方模式”

罗思义是中国人民大学重阳金融研究院高级研究员、英国伦敦经济与商业政策署前署长。罗思义在其《一盘大棋？——中国新命运解析》一书中提出“中国的社会主义模式优于资本主义模式”的观点，遭到了一些有右翼政治倾向学者的驳斥，如英国自由撰稿人麦克·科马克发表的《理性的经济政策带动增长》一文。本文是罗思义就麦克·科马克的观点阐述看法。

▲英国伦敦经济与商业政策署前署长、中国人民大学重阳金融研究院高级研究员罗思义（中新社　殷立勤／摄）

中国的社会主义模式优于资本主义模式这个论断包含两个重要方面：

其一，当前世界上增速最快的经济体并非遵循由世界银行、国际货币基金组织于 1989 年提出的“华盛顿共识”发展，反而是效仿中国的“社会主义发展战略”或深受其影响，如越南、柬埔寨和老挝。自 1989 年以来，越南和老挝的发展速度是世界平均速度的三倍。自 1978 年以来，中国的增长率几乎是世界平均值的六倍。其二，效仿中国的发展战略或深受其影响的国家对世界减贫的贡献率是 85%，而资本主义国家的贡献率仅为 15%。

这两方面的结论具有显著而重要的全球意义。一方面，它证实中国的社会主义发展战略是世界上最有效的经济发展模式，甚至超越任何一种资本主义模式。另一方面，它明确显示“中国模式”在减贫方面取得了比资本主义更卓越的成效。因此，全球发展战略的研究重点应放在中国及其发展战略上面，而非“华盛顿共识”或其他资本主义模式。

而科马克认为，中国、越南、老挝及柬埔寨的成功并非源于“社会主义”，而是乘上了保护主义的大船。“通过关税、进口限额、补贴及法律保护等保护经济发展，国家才能够扩大产能，预防不平衡的赤字”。

这种说法和事实大相径庭。中国称得上是世界上开放度最高的大经济体。根据 1978 年至 2015 年能够检索到的最早数据，老挝进口贸易在国内生产总值中的比重从 6% 增至 44%；柬埔寨的国内生产总值从 33% 增长至 74%。从这些数字上可以看出他们都和中国一样极度开放。对比之下，一些国家因为奉行保护主义而遭遇惨败，比如曾经的发达经济体阿根廷沦落至中等收入国家的地位。在当今的经济环境下，无论是劳动力的分配还是劳动社会化都在全球范围内发生，因此一味隔离经济的保护主义会阻止这种分配或社会化进程，进而给经济带来负面效应。因此，依靠所谓保护主义谋得经济发展是不可想象的。

中国、越南和老挝都宣称自己是社会主义国家，柬埔寨受到中国的影响。社会主义的现实意义就是国家对一大部分生产资料实行国家所有制，以便掌控总体的投资水平。而任何一个资本主义国家不会有“坚持公有制主体地位”这样的定义。

因此很遗憾，科马克文章中的表述有错。中国发展战略的巨大成功来源于开放和“中国特色社会主义”，而非封闭的保护主义和资本主义。

（摘编自《环球时报》2016 年 9 月 20 日，作者为中国人民大学重阳金融研究院高级研究员、英国伦敦经济与商业政策署前署长，冯国川译）

欧美学者：
反思西方政治制度，“中国崩溃论”成笑柄

2014年，福山等美欧学者对西方政治制度的反思甚至批判开始展现有趣的一面，而成为其参照物的是西方学者对中国政治制度、经济模式、文化价值观等的重新认识。福山在新著《政治秩序和政治衰败》中流露出对美国政治衰败的失望，写过《当中国统治世界》的马丁·雅克在英国媒体上批评西方对中国经济崛起“短视”……这些都引起过西方学术界的热议。2008年金融危机蔓延后，为什么西方学者开始重新认识中国，寻找中国发展的密码，甚至提出“向中国学习越来越重要”？有人说是因为中国的崛起和高效，有人说是因为中国的发展道路和模式。但可以肯定的是，西方的自我反思和对中国的“另眼相看”仍将继续。

对中国的短视已遭到嘲笑

在西方学者的文章和专著中，以新视角谈论中国成为一种时尚。《名利场》在美国是以上流人物、时尚人士为主要读者群的文化生活杂志，但近来也开始关注中国政治、经济的话题。近日，诺贝尔经济学奖得主、美国著名经济学家约瑟夫·斯蒂格利茨在最新一期《名利场》上以“中国的世纪”为题撰文，提醒美国要正视世界第一大经济体的地位将被中国取代的现实，放弃以往以遏制为中心的对华外交政策，与中国一起承担全球责任，创建国际政治经济新秩序。

2014 年 10 月，英国伦敦政治经济学院亚洲研究中心客座研究员马丁·雅克在《金融时报》网站刊登题为“西方对中国经济崛起的短视看法”的文章。他认为，西方不该把中国的统治体系视为脆弱和无力的，而是需要重新认识这个体系，向它的成功之处学习。11 月底，写过《当中国统治世界：中国的崛起和西方世界的衰落》的马丁·雅克在接受环球时报记者采访时说：“在过去几年我作过很多演讲，我发现有很多年轻人开始思考：为什么中国做得那么好？我们需要向中国学习。”在西方人重新认知中国方面，他看到一种更开放的态度，当然，要让西方改变过去的对华认识还有很长的路要走，有时他的观点甚至仍显得“小众”。

不管怎样，在中国应对 2008 年全球金融危机的过程中，这种反思不断出现，并从经济领域延伸到政治领域，最明显的是“中国崩溃论”的声音随之烟消云散。十多年前曾写过《中国即将崩溃》的美籍华人学者章家敦现在成了美国学术界的笑柄。当时他在书中预言“五年之内中国将崩溃”。五年过后，他又预言“五年之后中国一定崩溃”。直到现在，中国还是没有出现章家敦预言的结果。美国一些学者遇到章家敦时偶尔还会开玩笑说:“要不再看一个五年？”据了解，华盛顿智库界那些曾预测“中国崩溃”的人士正在被冷落，因为在决策者看来，这些人误导了美国对华的判断，对美国对华政策造成了负面的影响。

美国学者弗朗西斯·福山提出的一些新学术观点引起很大关注。比如，他曾发表文章认为，中国之所以成功地应对金融危机，是基于中国的政治治理能力能够迅速作出重大、复杂的决策，并有能力有效地实施决策。相比而言，美国却不具有应对危机的治理能力。在很多人看来，这是福山对25年前发表的《历史的终结》的自我修正或自我否定。2014年秋天，福山在新著《政治秩序和政治衰败：从工业革命到民主全球化》中，对美国的政治衰败感到失望，一些书评还提到他对“强大的政府、法治和民主问责制”的新认识。

中国经济的持续增长确实令一些国家变得不自信。谈及金融危机对日本的影响，日本作家五木宽之说，在中国的成功面前，日本正在被“缩小”“衰退”所取代。日本现在最好的方式就是：放弃继续谋求经济高速增长、放弃亚洲当头的目标，而是谋求做让世界尊敬的小国。在2014年3月举行的“第二届诺贝尔奖经济学家中国峰会”上，一个重要议题就是“如何找到中国发展的密码”。诺贝尔奖得主、美国经济学家埃德蒙·菲尔普斯曾说过：谁能成功解释中国经济的快速进步，谁就能是下一个真正的诺贝尔奖得主。他在参会期间表示，中国只要在金融、人才等方面有更好的制度安排，中国生产率和创新能力将很快与西方相当。

● 关注中国成就，也揣测中国未来

中国的发展经验何以成为西方谈论的热点？对此，德国柏林自由大学政治学系主任克劳茨·赛格伯告诉环球时报记者，西方学者关注的是一方面作为一个社会主义国家，中国采用了独特的模式促进经济发展；另一方面，中国目前以及未来的全球定位还不是很明确，即国际社会的准则是否能在中国被接受以及受到遵守。赛格伯说："很明显，中国的道路完全不同于俄罗斯。俄罗斯是一个不很成功的中等强国。至于'中国道路'是否能被复制的问题，理论上是合乎逻辑的，但是不那么现实，所以我的回答是'不能'。"

在重视中国的西方学者中，类似观点并不少见，他们并不是一味地吹捧中国。美国彼得森国际经济研究所经济学家尼古拉斯·拉迪长期致力于研究中国，他在2014年9月出版的新书《民进国退》中提到，中国经济快速崛起是市场角色不断扩大和私营企业壮大的结果。这位被美国《国家周刊》誉为"在中国问题上，可以做任何人的导师"的经济学家直言不讳："对中国模式这个概念我是非常怀疑的。或许未来几十年，中国的发展会被定义为一种模式，但目前中国还是一个转型中的国家。其市场经济也是不完善的。"

复旦大学中国发展模式研究中心主任张维为告诉环球时报记者，过去30多年，外部世界对中国的预测有悲观的，有乐观的。有意思的是，乐观的几乎都对了，悲观的几乎都错了，而且越悲观的，往往错得也越离谱，预测"中国要崩溃"得最惨，不是中国崩溃了，而是"中国崩溃论"崩溃了。与此同时，曾经高度自信的西方却陷入一场又一场危机，这一切引起不少西方人士的反思，这种反思在很大程度上也包括对中国的重新认识和对西方许多问题的重新思考。张维为认为，西方对中国的重新认识主要包括：一是中国没有照搬别人的模式，而是坚持自己的道路，特别是中国自己的政治制度；二是中国的战略规划能力；三是中国把重点放在高效率地解决人民最关切的问题，特别是消除贫困、促进经济和社会发展。

中国人民大学重阳金融研究院执行副院长王文参加了主题为“中国经济崛起对世界的贡献”的“2014 亚太金融论坛”。让王文感叹的是，这个话题在舆论界很旧，但在经济学界却相对较新。因为十多年来，很少有人在中国经济的崛起问题上达成共识，很多人关注的是中国崩溃的可能性。而 2005 年以后，西方学者们才渐渐讨论中国经济崛起，以及对世界的影响。起初是讨论威胁，而后才渐渐觉得，这是贡献。一名来自泰国的学者说：“国际经济学界正在为很少有人预测到 2008 年危机而感到羞愧，同时也为几乎没有人预测到中国经济崛起而感到自责。”在王文看来，一部分西方学者开始“转向”，修正自己的观点。另一方面，“知华派”学者的声音更多传递出来，如英国的马丁 · 雅克、伦敦前副市长罗思义（John Ross）等，经常被企业或政府机构请去作中国问题的讲座。据罗思义透露，他的新书已快截稿，他希望能“用西方人懂的话语与逻辑”来谈“中国经济为何能成功”。

也有西方著名学者从中国文化的角度寻找答案。中国人民大学中国共产党历史与理论研究院学者路克利 2014 年 12 月 12 日至 13 日陪同“软实力”概念提出者、哈佛大学约瑟夫 · 奈教授到曲阜考察儒家文化。约瑟夫 · 奈告诉他：“一些国外的学者认为中国是市场列宁主义的威权国家，但是中国经济发展得又很好，这让他们很不解。非洲、南美的一些威权国家发展得很差，有些甚至是失败国家。为什么中国能发展好，可能就是因为中国文化。中国文化决定了中国的发展道路。”

对西方继续误读要心里有数

谈到美国学者福山从过去高唱“历史的终结”到现在也开始思考“强大的政府”，马丁·雅克告诉环球时报记者，这说明人们越来越意识到西方的国家治理存在一些严重问题，“欧洲的统治精英们无法解决这些问题，美国相对好一些，但问题也不小”。他的看法是：“这种反思还会延续。因为目前西方并没有任何解决问题的方法，我们无法在短期内逃离经济停滞。另外，西方开始相对衰落，而预测显示中国经济将超过美国。西方在治理和民主上享有声望的先决条件是政府体制能正常运转，而且成功。但现在政府不能正常运转了，体制看起来也不那么成功，接下来会怎样？这种反思的声音会越来越大，得到更广泛认可。”

在接受环球时报记者采访时，王文说，西方主导的全球学术界正在经受冷战结束以来最大的一轮思想大反思。这一轮反思以 2008 年国际金融危机为主要源起，以批判当下西方国家的资产金融化为主要依据，以探索中国成功为主要参照对象，为全球未来发展寻求更确切的答案。只要中国经济能够持续发展，越来越多的欧美学者会痴迷于寻找中国发展的密码，相信未来十年内，“中国成功的原因”会成为全球学术界最重要的研究课题之一。

“虽然西方对中国和对自己的重新认识已开始，但总体上看，并不那么深入。”张维为告诉环球时报记者，“西方学者主要还是依赖西方的经验来判断中国和世界，‘西方中心论’仍在不同程度上继续主导着西方学界的思维方式。换言之，一方面，西方对中国、对自己已开始某种重新认知；但另一方面，西方知识界的主流还难以超出西方的经验和传统来看待中国与世界。正因如此，我个人以为，在未来相当长时间内，西方主流社会恐怕还会继续误读中国和误判世界，对此我们要心中有数，我们今后还需要适时点出西方认知上可能出现的盲点，必要时还要替他们指点一下迷津。”

（摘编自《环球时报》2014年12月16日，原标题为《西方寻找中国成功密码，中国崩溃论作者遭耻笑》，作者为环球时报驻英国特派记者孙微，环球时报记者邬宁宁、谷棣）

［加拿大］贝淡宁：
用贤能政治衡量中国体制更合适

● 儒家文化复兴为中国发展提供道德支撑

过去 30 多年来，中国最引人瞩目的文化变革就是传统的复兴。这种复兴既是精心策划的结果，也有自发的因素。20 世纪尤其 1949 年以来，中国文化呈现出来的一个主要方面就是反传统主义。再往前追溯，及至 1919 年五四运动甚至更早，无论金融精英、自由人士、马克思主义者还是无政府主义者，均认为中国的贫穷落后，根源之一便是落后的传统文化。

但过去 30 年来，中国以及韩国等其他拥有儒家文化传统的东亚国家经历了一场对传统的戏剧性再评估。在此期间，这一地区经济增长迅猛，贫困人口大幅缩减，同时又一直保持着和平稳定。而当人们举目四望，探寻这些国家有何共同点时，答案之一就是它们都继承了儒家传统。尽管过去的叙事基本都是儒家文化阻碍了现代化和经济增长，但现在很多人都认为：儒家文化实际上发挥了促进作用。

我们正在目睹一种更具历史色彩和人文特征的视角的回归，它更强调教育，注重跨越代际的大家庭伦理。延及政治领域，这种儒家视角促进了有关中国贤能政治传统的价值重估。长期以来，中国人一直认为政治体制的关键在于选拔和擢升具有较强能力、道德品质、社会文化技能并能带领国家前进的领导者。这种视角虽有儒家根源，但现在已然经历现代化的演变，变成中国以及韩国、日本等东亚国家经济发展战略的核心。尽管儒家思想在一段时间内遭到批判，但它现在再次回到舞台中央。如今，儒家核心价值的推广和促进已不仅限于政治治理层面，商业和非营利性行业也都在这样做。

贤能政治的发扬还与社会饱受金钱主义的负面影响有关。追逐财

▲加拿大知名汉学家贝淡宁（中新社　钟欣/摄）

富使得人们变得更趋个人主义，脱离更高的理想追求。因此，中国政府层面以及很多知识分子都希望提升民众的社会责任感，复兴儒家文化正好服务于这一目标。儒家关乎道德和个人责任，无论对于教育体系还是领导者的培养都能提供道德支撑。

贤能政治是更适合中国语境的衡量标准

当我们试图分析和理解中国时，西方的政治术语很有误导性，它倾向于将世界划分为好的民主体制和坏的集权体制，而中国往往被归为后者。但事实上，中国有着很大不同，虽然中国的政治体制确有某些威权倾向，但也具有很强的民主特征。过去 30 年来，世人见证了中国进行了前所未有的改革开放，并且愿意谈论自身存在的问题。笔者在之前出版的著作中使用“垂直民主贤能政治”概念来阐释中国的模式：基层层面充分展现了民主的价值；越往政治决策链的上层追溯，其领导者的擢升就越呈现出贤能政治的特点。

虽然在中国的理想与现实之间仍有差距，但这种贤能政治标准已在过去的 30 年中激发了备受瞩目的政治改革。笔者认为，就政治进步或倒退的评判标准而言，中国式贤能政治是一个完全胜任的模式。尤其在中国的语境下，贤能政治在有关较长时期内政治进步与否的考察中是比西式自由民主更好的标准。虽然这种看法在中国之外引发一定程度的争议，但在中国内部，强调贤能政治确是知识界和改革派领导者的主流认知。

归根结底，笔者认为有关政治进步与否的评判并不存在一个放之四海而皆准的标准，“怎样才算是良好政治社会”这个问题有着虽然各自不同但又都趋于合理的解释。其实从柏拉图开始，“美好社会”就存在着各种相互竞争的模式或版本。美国用于衡量政治进步和改革的标准，源自美国宪法所蕴含的民主理想，并且得到其立国先贤们的拥护和标榜。这套标准对美国历史上的许多政治活动都产生了巨大影响。

虽然在美国的理想和现实之间也存在巨大落差，但其评价现实的标准终究还是源自美国文化中的主流政治理念。对于有着复杂政治哲学历史和理念的中国而言，道理也是如此。这些理念可追溯至始自孔孟时代、贯穿整个中国历史的有关贤能政治的争鸣和辩论。中国的思想家们潜心思考如何选拔能干而且道德高尚的政治领导者以及何种能力和德行最为重要，中国人思索并尝试各种领导者选拔机制，这种传统一直延续到今天。过去 30 多年来，中国政治领导层的选拔一般是先从公务员考试开始，接着对其在较低层级政府部门的表现加以评估，只有在各行政层级积累了丰富经验，才有可能被拔擢到更高层。这种方式与中国历史上的很多时候相似。

● 中美应允许对方在政治体制上存在差异

笔者始终认为，根植于中国文化的这些核心政治理念应该成为评估中国政治进步与否的标准，虽然它们与美国信奉的那套自由主义理念不同。理想与现实之间总有巨大落差，这一点从古至今概莫能外，但其中更根本的还是标准选择问题。

这是中国政府和知识界颇为关心的问题。无论他们喜欢与否，中国的发展都已“震撼世界”，中国也必须在塑造世界方面发挥更加积极的作用，问题在于中国是否能以既促进国际和平又容纳分歧的方式发挥作用。绝大多数中国人认为，世界大国拥有不同形式的政府，不应强制推行任何单一治理模式。在这方面，笔者更为担心的其实是美国。

因为美国不仅宣称其民主模式是美国的最佳选择，同时认为这也是其他国家和地区的最佳模式。这种态度当然会让很多致力于建设好政府的中国人感到反感甚或不满。有些人会想：轮得着你这个只有几百年历史的国家来教我构建什么样的政治体制吗？你们已被一部根本无法应对现代挑战的宪法弄得束手束脚了。

笔者认为，美中双方应该求同存异，既在共同关注的领域携手努力，也要容许扎根在不同政治语境下的两种政治体制之间存在差异。

（摘编自《环球时报》2016 年 1 月 12 日，本文根据韩国庆熙大学副教授、亚洲研究所所长贝淡宁的采访整理，作者曾任清华大学哲学系教授，现为山东大学政治学与公共管理学院院长）

［美国］奈斯比特夫妇：

近十年，中国已成学习型社会

▲奈斯比特夫妇（《环球时报》/供图）

《大趋势》一书自1982年出版以来，全球销量已超过1400万册。书中预言，人类将经历从工业化社会转向信息化社会的巨变。它不仅让人们对这个世界的感知更加明晰，更使其作者——曾担任美国肯尼迪总统教育部助理部长的约翰·奈斯比特成为未来学的代名词。此后，这位未来学家一直致力于详细记述《大趋势》所描述的变化。于是，《亚洲大趋势》《高科技，高感触》，与夫人多丽丝·奈斯比特合著的《中国大趋势》《全球大变局》等相继问世。最近，奈斯比特夫妇再度合著《掌控大趋势》，展望未来的中国与世界。2018 年 1 月，在北京一家酒店见到他们时，89 岁的约翰·奈斯比特坐在轮椅上，被夫人推进会客室。他坚持不用人搀扶，在夫人的鼓励下，自己从轮椅上颤颤巍巍地转移到座椅上，接受环球时报记者的专访。“作为未来学家，您根据什么预测未来？比如，通过什么研究方法预测中国趋势？”约翰·奈斯比特回答：“到那个地方去！到那个地方去！我们到中国的次数相当惊人，我们也去世界其他国家探访，了解所在国家的人民。”

● 中国共产党有意愿、有能力创造“一切皆有可能”的环境

环球时报： 2018 年是中国改革开放 40 周年。很多国家都在改革，但中国的改革成效非常显著，为什么？

约翰·奈斯比特： 很多国家都取得了不同程度的进展，重点在于一个国家是否真正想取得进步，是否有一个清晰的发展路线，是否具备制订与国家发展方向相匹配的计划，是否有能力去实现这些计划。

多丽丝·奈斯比特： 事实上，还有一个改革成功的例子，就是新加坡。跟中国相比，它非常小，面积约等于北京的 4%，也没什么自然资源。但新加坡非常努力，发展得非常好，在国际上很有影响力。我们可以更好地从中国和新加坡的发展中进行新的思考。当年邓小平发现，只靠计划经济无法让这个国家腾飞，但他也无法让中国完全走向市场经济。所以在一系列试错中，

他找到了一种计划经济和市场经济混合的发展模式。这样的发展模式加上具有战略性的发展规划被很好地被执行了。如果你听世界上许多国家的政客谈论国家的发展，你会发现他们都有非常好的愿景，但最后他们的计划并没有得到有效实施。这正是中国做得好的部分。

环球时报：在你们看来，中国共产党的领导对于改革开放、中国崛起具有怎样的重要性？

约翰·奈斯比特：中国共产党显然起到了决定性的作用。如果真的有多党轮流执政，人们关注的焦点将是如何取得政权，而不是国家的发展。

多丽丝·奈斯比特：如果中国有两到三个政党轮流执政的话，我并不认为那样的中国能取得如今的成就。纵观历史，世界上有哪个政党提出过百年计划？而中国共产党提出了“两个一百年”计划。这些长远规划并非像空气一样在空中飘着，而是如一条缓缓流动的溪流，为后面的发展指明方向。中国共产党就像这条溪流上的小船，每当小船“偏离航线”，他们知道该如何修正。修正机制就是若干个五年计划。这些短期计划无疑很好地帮助中国共产党在一段时间内检视国家的发展方向是否正确，预想的目标有没有实现。这是中国共产党在国家发展过程中起到的关键作用。

当然，中国的发展并不是中国共产党一手包办的，他们做得好的地方是创造了一个环境。这个环境让腾讯、阿里巴巴、吉利等中国企业大展拳脚。所以，中国共产党最独特的地方就是他们有意愿、有能力去创造一个“一切皆有可能”的环境。而其他很多政府所创造的环境，几乎毁灭了创业的可能。

● 大量变化发生在最近十年

环球时报：在理解中国的过程中，哪些中国人让你们印象深刻？从他们身上能看到中国人的什么特质？

多丽丝·奈斯比特：的确有一些人让我们印象深刻。比如，有一个成都人在农村工作。他将农民的田地租过来并在一起，开了农家乐，又将那些农民请来一起做事，他们的生意非常不错，这给农民的发展指明了另一个方向。许多中国人向我们展示了，不管他来自哪个阶层、从事哪种职业，他们都有机会取得成功。西方国家的媒体通常更关注中国的负面报道。我想这可以理解，因为西方世界在衰退。有谁会在自己衰退的过程中去称赞正在追赶自己一方的制度好呢？事实上，从来没有哪个国家的政府是完美的。重要的不是政府完美不完美，而是人民过得怎么样。在我们接触的中国人中，尽管他们有的认为国家还存在一些问题，比如房价过高等，但都对国家的未来发展充满希望。

约翰·奈斯比特：中国人的特质也在发生变化。我观察中国已经50年了，但大量变化发生在最近十年——中国已成为一个学习型社会。中国几乎从零开始，在如此短的时间就取得这样惊人的成就，这展现了中国人的学习能力。在这个过程中，他们不断完善自己的教学体系，同时慢慢地对外开放。

环球时报：中国未来发展面临哪些挑战？

多丽丝·奈斯比特：我觉得比较可能的挑战在于纪律性。创造力和纪律性通常不太会同时存在。中国的微信、支付宝以及其他一些基于互联网的创新都非常不错，但某种程度上，这些都是在一些西方发明的基础上进行的创新。中国学校以前一直很强调纪律，但我发现很多学校有开始放宽的迹象，启发学生多产生自己的想法。要知道，没有自己的观点意味着你很难具有创新能力。所以，我认为如何既平衡好纪律性，又让这个社会更多元、更具创新精神，将是中国进一步发展的主要挑战之一。

约翰·奈斯比特：很多人会谈论中国发展不均衡的问题，这让我想起我出生的地方——美国犹他州一个荒芜的农村。我小时候所做的一切努力都是为了走出去发展，而现在，中国农村的孩子能通过互联网了解真实的世界，很多农村学校能使用网上的教学资源，这缩小了城市与农村教育的差距。在中国农村的学校，还有很多来自大城市的支教青年。我认为，习近平主席现在正在做的就是解决发展不平衡的问题，将具有生产力的企业和农业技术带到农村，帮助农民致富。我觉得他做得非常不错。

● AI时代，更要强调学习能力

环球时报：您如何看中国的发展前景？比如，中国的国力未来什么时候会全面超过美国？

约翰·奈斯比特：世界的游戏规则正在改变。美国过去是世界的中心，现在这个中心正在向中国转移，这是事实。过去的 300 年来，占世界 17% 的西方人口领导着整个世界。而如今这 17% 以外的人们开始变得重要，尤其是中国。这真是一个令人惊叹的时代。当然，中国国力超越美国并不一定是在一个时间点全部发生。有些部分也许中国做得更好，有的也许美国做得更好，要看从哪个角度来分析。

多丽丝·奈斯比特：如果基于购买力的分析，中国已经超过美国了。军事上或许还有很长一段路要走，但中国正在努力追赶。其中，最难的是社会和文化上的超越。因为这需要外界的认同。在国内，中国可以做到一切，但中国很难逼迫外界来认同自己的文化。等哪天大家更想了解东方文化，而不是美国文化的时候，我想一切都会变得不同。

环球时报：美国、欧洲的发展在走下坡路，这是经济制度还是政治层面导致的问题？西方国家未来可能重振辉煌吗？

约翰·奈斯比特：对西方世界来说，除上述原因外，很重要的一点是如今的竞争变得更加激烈。来自中国的竞争给西方带来巨大挑战，重振辉煌是不可能的。

多丽丝·奈斯比特：此外，缺乏改革。在第二次世界大战期间，不管是支持共产主义还是支持自由主义的人都有一个共同点——为了国家。如今，这个共同点正在消失。西方政党们所做的努力更多是为了党的利益，而不是国家。西方缺乏求同存异、相互了解、更好了解世界变化的精神。这让西方社会面临改革的需求。我也不认为西方社会有任何可能回到第二次世界大战后的辉煌时光，除非亚洲发生战争，但战争也会给西方造成巨大冲击。所以，西方的辉煌已成云烟，无法重现。

环球时报： 30 多年前，您就预测人类必将进入信息社会。如今，我们已身处信息社会，未来 30 年的大趋势又是什么？ AI（即人工智能）会对人类社会产生何种影响？

约翰·奈斯比特： 这非常复杂。

多丽丝·奈斯比特： AI 毫无疑问会对人类社会造成巨大影响。人类如何跟 AI 融合？也许更专业的人士能给出更好的回答。但可以肯定，学习能力将是未来人们更需要强调的。那些缺乏学习能力和学习意愿的人将面临困境。

（摘编自环球网 2018 年 1 月 19 日，原标题为《专访〈大趋势〉作者奈斯比特夫妇：近十年，中国已成为学习型社会》，作者为环球时报记者张妮、彭泽锋）

［英国］马丁·雅克：

中国不可能采用西式民主

▲马丁·雅克（《环球时报》/ 供图）

英国伦敦政治经济学院亚洲研究中心客座研究员马丁·雅克，多年来持续关注中国的发展。2014 年 10 月，他在英国《金融时报》网站发表题为“西方对中国经济崛起的短视看法”的文章。马丁·雅克认为，中国“非常胜任自己的角色，能战略性地思考问题，又很务实和勇于尝试”。2015 年 1 月，马丁·雅克在接受环球时报记者专访时表示：“从更广义上说，我们所面临的世界和之前的完全不同，过去，我们总认为西方占据世界主导，现代化进程就是西化，但是中国的崛起让人们意识到，向中国学习变得越来越重要。”

● 政治体制不是中国的“阿喀琉斯之踵”

环球时报：您为什么想到在英国媒体上谈“西方对中国经济崛起的短视”？

马丁·雅克：在中国，政府在国家经济转型的进程中扮演着极其重要的角色。经济的巨大变化带来了中国社会的转变：大量农村人口进入城市，需要更现代的教育体系、更先进的医疗服务体系，等等。你不可能在如此巨大的经济变革之下，不去改革、不去重新设计和定义政府。西方往往倾向于认为中国没有经历政治改革，因为在西方人眼中，那些和西方类似的改革才称得上政治改革。事实上，中国经历了巨大的政治改革。这也是必需的，因为如果不改革，就不可能维持经济的发展。

环球时报：您认为中国治理体系的核心是什么？

马丁·雅克：中国治理体系的核心是政府和社会之间的一种非常特殊的关系，这一关系可以追溯到2000多年前。国家政权一直是中国社会中举足轻重的机构。对于中国人来说，国家政权从某种意义上讲就是中国和中国人最基本的定义和表达，这和美国、英国完全不一样。政府在社会中占有非常重要的地位，一旦失灵，中国社会也就不能正常运转。19世纪初至1949年是中国历史上的灾难时期，政府变得越来越无用。清政府无法推动社会和经济改革，越来越腐败，整个中国也变得支离破碎。因此，中国治理体系的核心是政府和社会之间的不寻常关系，这是一种历史现象。认识到这一点非常重要。如何重建国家政权？这是毛泽东和中国共产党在新中国成立时面临的最根本问题之一。重建意味着中国共产党成为国家政权的核心。

环球时报：“中国模式”能否在世界其他地区复制？

马丁·雅克：我并不认为中国的治理体系可移植，但是不同的国家可以从中受到启发。中国政府是一个非常独特的机构，有着独特的历史和现实背景。和中国治理体系比较接近的国家是那些崇尚孔子的亚洲国家。

环球时报：您的文章发表后，还是有很多人谈论“为什么中国不能有典型的西式民主”。对此，您怎么看？

马丁·雅克：我在文中也提到，西方认为中国的最大问题在于政治体制，是中国的“阿喀琉斯之踵”。西方一直认为中国从根本上是不稳定的，经济增长迟早会告一段落。为什么呢？因为中国没有典型的西式民主。这种观点在西方是压倒性的。但问题是，中国在过去35年里做得非常好。因此无法回避这样一个问题：中国是如何做到的？有些人选择忽略政府的作用，对中国的成功并不好奇。

如果你问起围绕这一主题的争论，可以说我的观点在当下是非常小众的。但我认为事情会有所改变。在过去几年，我作过很多演讲，我发现有些人尤其是年轻人现在开始思考：为什么中国做得那么好？我们需要学习。我看到一种更开放的态度。当然，还有很长的路要走。事实上，中国政府也非常专业。他们总是在思考问题，试图了解外面的世界。例如，中国领导层花很多时间了解苏联为什么会解体，因为他们想避免这种事情发生。同样，他们也在学习美国和欧盟的治理制度。他们努力避免僵化、腐朽和自满。

● 中国领导人不会让腐败蚕食国人对体制的信心

环球时报：中国在治理问题上无疑也面临着很多挑战，请谈谈您的看法？

马丁·雅克：中国面临很多挑战。能否从劳动密集型经济顺利过渡到以技术为基础的、消费驱动、增长速度放缓的经济模式？如何确保经济不会硬着陆？这是一个非常艰难的过渡，没有任何国家会觉得容易。如何在经济发展和社会平等之间找到一个平衡，这很重要。一旦没有把握好，那么中国社会中的紧张关系就会愈演愈烈。从某些程度上讲，如今已出现一些端倪，例如通过腐败来发财、权色交易等。为什么习近平主席主导的反腐力度如此强大？这是因为他知道腐败蚕食了很多中国人对体制的信心。

中国还必须应对一个非常困难的国际环境，特别是凋敝的国际经济环境。金融危机来临后，中国不得不应对西方市场的衰退，于是中国出台经济刺激计划，但这一刺激计划同时又带来很多其他的问题，例如债务和房价问题。西方经济停滞还会持续，这是中国必须应对的。

此外，中国在政治上面临的内外压力也会越来越大。这对仍处于现代化进程中的中国而言非常难。将近一半的中国人口仍生活在农村。英美成为世界大国之前已完成现代化，但中国还没有，中国还没有做好充分准备。在这种情况下，被迫承担国际责任，对中国而言有点早。中国经济总量这么大是因为中国拥有庞大的人口规模，但平均下来还是比较穷的。

在这所有之上，中国面临的最大问题是如何维持稳定和团结。一方面中国如此大而且多元化，凝聚起来正常运行非常困难，但另一方面又必须凝聚在一起。如果中国开始分裂、混乱，那么每个人都会受到影响，不光中国人，全世界的人都难以独善其身。

环球时报：相对西方一些学者对中国治理模式的重新认识，中国国内仍有人谈论“中国应采用西式民主”。对此，您怎么看？

马丁·雅克：中国是否可能采用西式民主？我不这么认为。但你要是问中国是否会变得更加民主、公开、透明、法治、负责任以及更有代表性？那么答案是肯定的。接下来如何进行？采取哪种形式？这是更难回答的问题。以2011年温州动车事故为例，在那之前，中国的铁道部可以说是一个“私密帝国”，是很多私权和私利的来源。互联网上的讨论对这个系统带来很大冲击，也带来很多改变。另外，习近平主席领导的反腐运动很重要，如此严厉和高强度反腐是因为腐败是党内最严重的问题。如果不解决好这个问题，那么没有人会相信这个体制。

● 西方学者对国际治理的反思还会延续

环球时报：从您对国家治理问题的最新思考，以及美国学者福山从过去高唱“历史的终结”到现在也开始强调“强政府”，是不是表明西方学界就国家治理的研究已开始抛开固有的思维模式？这股反思的声音有多大？

马丁·雅克：是的。人们越来越意识到西方的国家治理存在一些严重问题。西方政治体制运作最好的阶段是第二次世界大战结束到20世纪70年代，也就是“长期繁荣”时期。这一时期经济增长率相对较高，人们充分就业，社会满意度较高。但此后经济增长相对较慢，政府的设计更多倾向于短期效应。到2007年、2008年金融危机开始蔓延，经济增长率非常低，我们至今仍然停留在衰退中。西方政府面临日益严峻的治理问题，欧洲的统治精英们无法解决这些问题，美国相对好一些，但问题也不小。可以说，西方政府在某些方面已经失效。因此，越来越多的学者意识到这些问题。

我的看法是，这种反思还会进一步延续。因为目前西方并没有任何解决问题的方法，我们无法在短期内逃离经济停滞。另外，西方已开始相对衰落，而预测显示中国经济将超过美国。西方在治理和民主上享有声望的先决条件是政府体制能正常运转，而且成功。但现在政府不能正常运转了，体制看起来也不那么成功，接下来会怎样？这种反思的声音会越来越大，得到更广泛的认可。

环球时报：您在文章中说，“美国的民主制度日益变得机能失调”。回顾历史，美国曾经历过数次经济危机和影响力下降，但都能从低谷中反弹。这种反弹在今天能再次发生吗？

马丁·雅克：我所说的机能失调是指在某些关键问题上，政府不能正常运转。美国政府正以某种方式“冻结”。例如，美国政治体制两极化严重，两大党派的支持者缺乏基本的合作。美国国内不仅在政治层面上存在严重分歧，在社会层面上也是如此，不平等程度越来越高。过去30年，普通美国人的实际工资并没有增加多少，而那些处于金字塔顶部的人获得了极大财富。美国社会已越来越不平等，经济问题将导致政治危机。英国面临同样的问题。另外，美国政治受到了特权阶层和利益集团的摆布。当然，美国依然能够蓬勃发展，但不可否认的是，美国面临很多严重的问题，而且其严重程度还在进一步加剧。

（摘编自《环球时报》2015年1月20日，原标题为《英国学者：中国不可能采用西式民主》，作者为环球时报记者孙微）

中外学者：

无论在理论还是制度实践层面，中国共产党已经是非常成熟的执政党

“坚持党对一切工作的领导”“以零容忍态度惩治腐败”“党始终同人民想在一起、干在一起”，在世界舆论对中共十九大的广泛关注中，在中共十九大报告里，这些有关中国共产党本身的论述特别吸引世界各国政党、组织和研究者的注意。2017 年 10 月 19 日上午，中共十九大新闻中心举行的首场记者招待会，也是有关加强党的建设和全面从严治党情况的。五年来的反腐成绩单让世界看到中共的巨大努力和对人民践行诺言的决心，也让人感受到中共的自信与活力。

新加坡《联合早报》2017 年 10 月 19 日刊登新加坡国立大学东亚研究所所长郑永年的文章称，“中国共产党不仅仅是一个执政党，更是一个使命党”，这和西方政党形成了鲜明的对比。今天的西方政党已经

失去了使命感，执政党为了执政而执政，反对党为了反对而反对。西方统治精英对国家和社会的发展越来越没有共识，多党制成为互相否决制。这给政治、经济和社会带来了很大的不确定性。近年来，美国政治就充分说明了这一点。奥巴马执政八年，但仅仅推动一项只覆盖3000多万人口的医疗保障改革就遇到了极大的阻力。特朗普上台之后又废除了奥巴马的医疗保障改革，退出了“跨太平洋伙伴关系协定”（TPP）和巴黎气候协定等。今天，无论是美国精英还是普通民众，都面临着前所未有的不确定性，各种形式的社会暴力也随之爆发出来。郑永年说，中国刚好相反，无论在理论还是制度实践层面，较之世界上其他的政党，中共已经是一个非常成熟的执政党。

“随着中国步入世界舞台中央，西方专家们对中国能否应对摆在面前的困难存在着分歧。”美联社称，习近平要求“坚持党对一切工作的领导”，这是敦促中国共产党在社会和经济等各方面发展中发挥更大的作用，以便更好地解决中国面临的挑战。

对于西方不理解甚至歪曲中国共产党，缅甸执政党全国民主同盟中央执行委员会执行委员吴温腾2017年10月19日接受环球时报记者采访时表示，中国共产党不仅创造了中国的发展奇迹，也创造了建设强有力执政党的奇迹。西方一直大贴“集权”标签，他说，对持这种观点的人，建议他们多了解一下中国共产党。实际上，团结全党、全国的力量，这正是中国共产党的力量所在。吴温腾说，特朗普上台后立即推翻了奥巴马留下的政治遗产。实际上，在西方所谓“民主”的政治体制下，很多政策上难免会出现“翻烧饼”现象。而在中国，在中国共产党的领导下，多年来形成了一套历史悠久的传统，新的领导人能够直接继承前任领导人的智慧与成果。

在世界舆论看来，中国共产党这次党代会开放透明程度空前，“党

▲中共十九大首次设立党代表通道，图为党代表接受采访（中新社　刘震 / 摄）

代表通道”、六场记者招待会、八场集体采访，多场代表团开放讨论，让人们感受到中共的自信和成熟。十九大党代表、中共中央党校教授谢春涛在接受环球时报等媒体采访时表示，中国共产党的开放性正在稳步提升。他表示，这次党代会首次设立党代表通道，党代表们在新闻发布会上“回答外媒的询问比本国记者还多”，大会还允许媒体旁听部分团组讨论，“这都是越来越开放的体现，也说明党代会越来越能发挥其应有的作用”。

“中国梦正处于变成现实的征途中。”英国《每日电讯报》报道引述中国与全球化智库研究员哈维的话称，对于中国来说，过去五年国际和中国国内都发生了巨大变化。报道称，直到外强侵入中国，中国一直是世界上最先进的大国，长达 1000 多年。现在，在习近平的领导下，中国已经再一次跻身全球大国行列。中国提出了“一带一路”倡议，在世界对抗气候变化中处于领导地位，积极推进全球化和全球治理。简而言之，中国显然已经填补了美国留下的真空。而回到2012年，有谁会预见到世界将发生如此大的变化，中国能为世界提供另外一种解决方案呢？

（摘编自《环球时报》2017年10月20日，原标题为《新加坡学者：中共不仅仅是一个执政党，更是一个使命党》，作者为环球时报记者白云怡、刘欣、李司坤，环球时报驻外特派特约记者徐伟、韩晓明、纪双城、青木、陶短房、王伟、陈一、柳玉鹏）

第二篇　经济增长：我们为什么相信中国经济

▶ 1978 年改革开放以来，中国经济飞速发展，至 2010 年超越日本，成为世界第二大经济体。进入新时代以来，中国依靠全面深化改革，经济从量变到质变，发展进入新的历史性阶段。尽管近些年增速放缓，但中国经济稳中有升，韧劲十足，仍是当今世界经济增长的主要引擎。中国连续多年对世界经济的贡献率超过 30%。甚至有国外媒体称，中国的经济政策是在为全球市场定调。中国的成功也是世界的成功。中国在消除贫困方面取得了巨大成就，并将全面脱贫期限定为 2020 年，成为人类历史上的“惊人之举”，为世界提供了解决贫困问题的中国方案。

［美国］傅立民：
我亲历中国变革，但低估了速度

▲美国资深外交官傅立民（《环球时报》/供图）

“看上去很偶然的一件事会让人豁然开朗——一个中国个体户卖的面条让我意识到，中国的改革开放是真的！”曾在尼克松总统访华时担任首席中文翻译的美国资深外交官傅立民（Charles Freeman）说起中国40年来的变迁如数家珍。傅立民曾出任美国驻华公使和助理国防部部长，是美国布朗大学沃森国际与公共事务研究所高级研究员。他在2018年12月中旬接受环球时报记者专访时，不仅脱口而出与改革开放有关的历史事件，还会蹦出“实事求是”等中文表述。在这位“中国通”看来，中国的改革开放惠及全球，其中也包括美国。因此，美国要调整好心态，认真面对中国的发展，这对美国来说也是新的考验。

● 个体户卖面条就是一场革命

环球时报：您是什么时候意识到中国的改革开放已经拉开序幕的？

傅立民：谈中国的改革开放，不得不提及邓小平。我很崇拜他。1978年12月16日，中美两国发表联合公报，宣布从1979年1月1日起正式建交。两天后，即12月18日，中国共产党十一届三中全会召开。那相当于一场革命。邓小平非常清楚自己在做什么，他打算通过美国来让中国向世界开放，并扫清苏联对中国体制的影响，取而代之以中国特有的、按中国人意愿规划的美好未来。但当时，美国还无人相信这一变化的来临，因为很多对中国感兴趣的美国人认为，中共十一届三中全会可能就是又一个“文字游戏”，因此并没有太在意。1979年时，我在美国国务院负责中美关系事务，有一次到北京出差。有一个周六，我沿着南池子散步，快走到长安街时看到角落里有人推着小车在卖面条。我买了一大碗，边用筷子吃边问他：“你是哪个单位的？”他说：“我是个体户。”我马上意识到：这是一场革命。

回到华盛顿后，我告诉大家中国真的在发生改变，但他们认为我很荒唐。1980年2月，约有15位来自政府、智库及大学的美国“中国通”在华盛顿特区的史密森尼城堡举办一次学术会议，主题是“2000 年的中国会是什么样子”。记得当时唯有我说：“邓小平改变了一切！我们应用新的眼光审视中国。美国要遵守对中国的承诺，否则，我们对美中关系的判断就是错误的。”在座的人都不同意我的观点，有的还嘲笑我。年轻气盛的我当晚骑着摩托车来到在国务院的办公室，通宵写出《中国在 2000 年》的“备忘录”，预测中国将发生巨大变化。当我将“备忘录”发给国务院及美国在香港的外交官时，很多人仍认为我“高估了中国”。如果说我错了的话，现在看来，我当时还是低估了中国后来的发展，没想到中国能以最快速度发生着最大的改变。我当时还预测 2000 年时苏联仍会存在，其他人也是如此，所以我们都错了。

环球时报：您怎么评价中国改革开放 40 年来的成就？

傅立民：中国改革开放 40 年的成就巨大，我们应正视这一点。中国今天是行动者、参与者，由弱变强。美国对此很难调整好心态，但又不得不调整。

我最初了解的中国还处在“文化大革命”时期。当时，我眼中的中国没有生气，比如女性的穿着都一样，没有流行式样。但改革开放就像激活了中国一样，仿佛一夜之间，色彩、化妆、美好的东西都出现了。在市场上，人们不再“等、靠、要”，而是变得主动。中国共产党在制定政策后，就放手让人们做他们想要做的事情。“解放思想，实事求是”“摸着石头过河”“不管黑猫白猫，抓着耗子就是好猫”……这些都表明中国在寻求一切行之有效的方法。中国改革开放的成功还在于解放了人们的思想。

改革消除了中国人民的恐惧心理，使他们拥有更多的幸福感和快乐感。当然，中国也出现了交通堵塞，出现大量流动人口。在城市中，各家各户都装上安全门、防护窗，还出现了我以前没有听说过的雾霾。开放给中国带来世界的多元文化。中国引进美国大片、韩剧，而当年我记得只能看阿尔巴尼亚和朝鲜的电影。“老外”已不再成为被中国人围观的对象，而我刚到北京时，有人问我：“你的头发是在哪儿烫的？”

● 改革继续，中国会更好

环球时报： 中国国家主席习近平在首届中国国际进口博览会开幕式上讲话说：“经历了 5000 多年的艰难困苦，中国依旧在这儿！面向未来，中国将永远在这儿！”您对这番话怎么看？

傅立民： 中国领导人的讲话告诉世人：中国人有自己的历史传统，有自己的未来理念。我认为，苏联解体这样的事情不会发生在中国身上，而且也没有任何国家比中国更期待统一。过去 40 年，改革开放给中国带来巨大成功。未来的中国会不会更好？我认为改革仍是进行时，我相信中国能获得更大的成功。

环球时报： 您的家族中学习中文或喜爱中国文化的人多吗？

傅立民： 20 世纪 60 年代，我在哈佛法学院学习时就对中文、对中国感兴趣，后来我才知道我的家族与中国的渊源竟然长达近两个世纪。我的先辈中，有的曾为孙中山工作，有的曾帮助北京大学建立最早的社会学科……我从 1969 年 1 月 2 日开始学中文，主要是考虑到当时不稳定的地缘政治：美苏处于冷战，中苏关系也恶化，那时的美国必须向中国伸出双臂，并对向中国开放做准备。我想让自己置身其中，成为亲历者。受我的影响，我的孩子们从小就对中文感兴趣。他们都有自己的中文名字，儿子叫傅瑞伟，女儿叫傅瑞真。儿子子承父业，无论是担任美国对华贸易谈判代表，还是顶尖智库中国项目主任或当前的美国商会亚洲区总代表，均与中国有关。女儿则是约翰 · 霍普金斯大学学者，中美关系是她的强项。

● 不断犯错的美国给了中国动力

环球时报： 您提到美国对中国发展的心态，这对中美关系会有什么影响？

傅立民： 当前美中关系紧张，这是荒唐的，因为我们有许多共同利益。我认为，中国已从以美国为主创建的国际秩序中受益无数。同样，美国也从美中关系中得到了巨大好处。某种程度上说，美国曾用台湾问题遏制中国，也曾用中国来遏制苏联。此外，中国通过改革开放使大量人口脱贫，这对世界来说也是大好事。中国还为包括美国在内的国家创造出巨大的劳动力市场。当美国经济不景气时，中国出口到美国的商品价格很低。现在还有很多中国家庭将孩子送到美国留学。他们并不都喜欢美国，但他们学到许多东西，并更为准确地了解了美国和西方。

美中目前处于很糟糕的阶段，甚至是比“战略竞争者”的提法还要糟糕的阶段。但我认为，美中关系还会回暖。美国副总统彭斯最近说，美中当前是“冷战”。我并不相信这是冷战。我告诉你为什么：因为历史不会重演。而且，美国正在失去盟友。如果美国与中国开战，美国的那些盟友将无人愿意参战，他们更愿袖手旁观。长此以往，美国将会失去其势力范围。中国已完全融入全球经济体系，供应链遍布各地。中国离不开世界，世界也离不开中国，你不可能孤立中国。

也许可从两个方面看美中关系：一方面如果美中对峙，中国的改革会变得很难，因为从政治上来说，中国不能向美国让步；另一方面，来自美国的压力对中国来说也是件好事，成为一种动力。如果我是一家中国公司，我能从中美贸易摩擦学到什么？我学到的是：美国是不可靠的，所以要尽己所能发展自己的产品，或寻求另外的合作资源，如欧洲、日本等国的产品，前者为上策。尽管美国加征关税的目的是打压中国，但结果适得其反——因为中国现在被激励起来发展自己的技术。美国这样做是搬起石头砸自己的脚。所以，我不喜欢彭斯的讲话，他讲的大部分内容不正确，比如他说“美国总是帮助中国”。美国是想帮助中国，但有的时候美国并没有做到。

环球时报：在这种情况下，您对中国未来发展有什么建议？

傅立民：这很简单。中国首先需要保持冷静的头脑，不要“动怒”，继续让大门敞开。等新一轮美国总统大选后，中国与美国又将建立新的关系。美国和中国在同一星球上共存，我们不得不这样做，因为美中双方谁也离不开谁。记得当1995年我从政府部门退休后，曾随一个美国代表团访问北京，并与中国军事科学院数位研究苏联和俄罗斯问题的中国学者座谈。他们非常明智，在讲到中国对外政策和国家利益时表示，虽然苏联解体了，但俄罗斯仍会“回归”，而一旦俄罗斯“回归”，我们想让他们成为朋友而不是敌人。对于美国，中国也需要非常谨慎小心。因为尽管我们关系时有恶化，美国有时会做些自毁前程的事情，但美国终会“回归”。当美国“回归”时，我希望中国已一切准备就绪，双方恢复更多的合作。

环球时报：在中国强调要继续全面深化改革、全面扩大开放的同时，为什么美国却在退出各种国际组织和条约？

傅立民：美国没有树立一个好的榜样。我希望中国为国际社会树立好的榜样。如果美国执意退出，这将是美国所犯的错误。拿破仑说过：“当你的敌人犯错误时，千万不要打扰他。”所以，美国要是犯了错误，中国何必纠正和阻止它呢？当然，以中国创建亚洲基础设施投资银行为例，中国使国际规则和秩序得以延伸，中国并没有破坏规则。中国需要改革，中国并不完美，自身发展也存在不少的问题。而世界则变得更加复杂化，美国不能继续说了算。美国应习惯于这一点，不能强迫别人按照你愿意来做事。那样的做法不是外交的做法。让中国放弃“中国制造2025”是不合理的，中国有权发展。美国需要有新的政策，我有信心美国能做到这一点。这对美国来说是新的考验。

（摘编自《环球时报》2018 年 12 月 17 日，原标题为《美资深外交官：我亲历中国变革但低估了速度》，作者为环球时报驻美国特约记者温燕）

中外学者：
“美国重建中国论”，荒诞！

美国副总统彭斯于2018年10月4日发表长篇演讲，对中国内外政策横加指责。尽管有美国媒体称，由于准备时间太短，彭斯在演讲中对中国的指控显得“手忙脚乱”，缺乏依据，他的一些话还是显得格外离谱，让人大跌眼镜。比如他提到中美贸易逆差时说：“正如特朗普总统本周所说，我们在过去25年里重建了中国。”美国重建了中国？！对中国听众来说，这实在有些天方夜谭。然而，不仅仅是彭斯，在一些美国政客和学者圈中，该论调在某种程度上也有不少拥趸。这一说法究竟是如何出现的？有什么来历？为何会被美国领导人大加宣扬？环球时报记者对此做了调查采访。

● 从政界到学界，荒唐言论源自他们

“你知道，是我们重建了中国。他们用从美国抽走的钱重建了中

国。他们通过货币操纵、货币贬值来达到目的。这一切手段是非常精妙的。我的意思是，他们在操纵货币贬值方面堪比国际象棋高手。”这是 2016 年 4 月，特朗普接受美国《纽约时报》采访时的一段话。当时他还在争取共和党总统候选人提名。

记者检索发现，进入 2018 年中期选举季以来，特朗普不停地在各个州的竞选集会现场重复这一论调。6 月，他在全美独立企业联合会发表演讲说：“你可以看到中国正在发生什么。我们别无选择，这是许多年前就应该做的。中国每年从我们国家拿走 5000 亿美元用于重建中国。我总是在说‘是我们重建了中国’。他们从美国拿走了这么多，现在是时候了，是时候了……”

9 月底，在密苏里州斯普林费尔德为共和党参议员人选霍利助选的大型集会上，特朗普再次把美中贸易逆差等同于美国送给中国的财富：“中国 2017 年从我们国家拿走了 5000 亿美元。我们重建了中国，我们给它们如此多的财富，我们正在改变这种情况。”

12 月 4 日，美国副总统彭斯在哈德逊研究所的演说把“美国吃亏论”“美国重建中国论”提升到一个新高度：“过去 17 年，中国国内生产总值增长 9 倍，变成世界第二大经济体，这很大程度上得益于美国对中国的投资”“中国的行为给美国带来巨大贸易赤字，2017 年这个数字是 3750 亿美元，几乎占我们全球贸易赤字的一半。就像特朗普总统说的……”

不仅是他们，在美国部分智库学者中，这种谬论也有一定市场。近日，记者参加了一场由哈德逊研究所主办的中美贸易争端研讨会。会上，该研究所的高级研究员、历史学家阿瑟·赫尔曼说：“美国过去的对华接触战略已经失败，中国一直声称中美合作是双赢，事实上是中国赢、美国输，中国靠美国建立的自由市场秩序全面崛起，而美国的国家利益却被牺牲了……过去美国让中国受惠很多，现在中国应该回馈美国。”

尽管没有哪位美国学者明确说“美国重建了中国”，但像阿瑟·赫尔曼这样的人有不少。他们认为，在与中国长达数十年的经济来往中，正是美国等西方国家的“失策”，帮助中国实现了经济发展的奇迹，如在 2007 年出版了《中国幻想》的美国记者、作家詹姆斯·曼。在学者和官员之间变换角色的罗伯特·布莱克威尔和阿什利·泰利斯也认可类似观点，两人都曾在美国国家安全委员会任职并在兰德公司工作过。

更典型的代表是哈德逊研究所中国项目主任白邦瑞。白邦瑞在其著作《百年马拉松》一书中写道：“40 多年来，美国发挥了不可替代的作用，帮助中国政府建立起蓬勃的经济，开发出科学和军事能力，在世界舞台上占了一席之地……”英国广播公司评论称，彭斯那场演讲特别提及白邦瑞，而白邦瑞也被特朗普赞为“中国问题顶级权威”。从白邦瑞书中所写的内容来看，美国当局应该很大程度上接纳了他的观点和建议。

影响特朗普观点的还有白宫贸易顾问纳瓦罗等人，后者在《致命中国：美国是如何失去其制造业基础的》一书中，从货币操纵、不公平贸易政策、中国产品对美国市场的冲击等方面渲染中国对美国造成的伤害和威胁。在由该书制作的纪录片宣传页上，当时还未成为总统的特朗普写道：“一针见血。”

● 德学者：美国也有过“重建德国论”

“是时候打破这个神话了，美国并未带给中国现代化。”早在 2015 年 6 月 15 日，中国学者陈定定就在美国《外交学者》网站上撰文称，在华盛顿的决策者和战略家圈子中有一个颇为流行的观点，即中国背叛了美国。“就好像美国在过去30余年内将‘现代化’当作礼物拱手送给中国一样，这种观点大错特错。它不仅忽视了美国经济从中国出口受益颇丰的现实，而且完全淡化了中国自身的作为。”

“我当时写那篇文章，主要是因为在美国国内出现了关于‘美国是否为中国带来现代化’的讨论，此后，美国国内也一直有类似观点。”暨南大学国际关系学院、华侨华人研究院教授陈定定16日对记者说：“这样的观点比较偏颇，在美国国内不是主流，也鲜有政客、学者将这种言论加进自己的观点中。”

复旦大学国际问题研究院院长吴心伯接受采访时也表示，“美国重建中国”这类夸张提法此前几乎没有，通常都是说美国为中国的现代化、经济起飞作出了贡献，这是比较符合事实的。“在官方表述中，只有特朗普政府这样说，这透露出傲慢和无知。在美国，这不是主流声音，严肃的学者、主流媒体以及以往的美国官方不会有这种说法。”

其实，当2016年特朗普在竞选期间说出“美国重建中国”后，美国著名的“政治真相”网站就做了“事实核查”，称该说法是对美中经贸关系“过于简单化”的描述。美国卡托研究所专家斯科特·林西科姆认为，特朗普的说法仅仅反映了一个非常微小的细节，与包括美国在内的所有国家进行贸易，是中国进行市场经济改革的一部分，这让中国数千万人口摆脱了贫困，而“改革才是其中的决定因素”。

其他学者也表达了看法。卡内基国际和平基金会中国经济专家迈克尔·佩蒂斯说：“我不会说美国的对华赤字重建了中国，但它们或许使中国能以更低的国内政治成本重建自身。”耶鲁大学教授陈志武则表示，按照特朗普的逻辑，人们也可以说中国通过向美国提供廉价商品及更多储蓄重建美国。“如果没有这些储蓄或中国对美国政府债务和公司投资的融资，美国将无法维持房地产、国防及商业领域多年来的增长。在一个相互联系的全球化世界，很难说谁在重建谁。”

2018 年 9 月 19 日，《纽约时报》刊发的一篇有关特朗普“美国重建中国”说法的文章引来众多留言，其中纽约读者 Duane McPherson 表示，特朗普此说是零和思维，有这种思维的人总是认为“如果你得到好处，我就失去好处，我们不可能都受益”。有分析称，许多美国民众知道特朗普喜欢信口开河，他不但表示从美国涌出的大量资金“重建”了中国，还说过“我已经逆转”这种现象。

记者注意到，在德国及欧洲社交媒体上，彭斯的长篇演讲引来嘲笑。有网友说，美国借了中国那么多钱，还有能力建设中国，太可笑了；还有人说，美国连伊拉克都无法重建好，怎么建设世界第二大经济体？

“这是缺乏历史观的说法。”柏林中国问题学者夫罗里扬对环球时报记者表示，美国历史才 200 多年，怎么来建设有 5000 年历史的中国？即使美国加上所有西方国家，也没有实力重建中国。近几十年来中国的成功，靠的是改革开放政策以及中国人的勤奋。他提到，美国这种“重建某国”的思想在第二次世界大战后就有了。由于第二次世界大战后对德国的帮助，美国有人曾说过“重建德国”之类的话。不过，像现在这么“响亮地”用在另一个大国上，很罕见。

● 究竟是谁将现代化带给中国

追溯美国与中国的往来，很多美国媒体和学者往往提到一个年份——1967 年。1967 年 10 月，尼克松在美国《外交》季刊上发文称：“从长远来看，我们简直经不起永远让中国游离于国际大家庭之外……”四年后尼克松入主白宫，开始执行其向中国打开大门的“承诺”。

实际上，连尼克松自己都承认，当年访华不是要帮中国实现现代化，而是对苏联打“中国牌”。当时中美在安全利益上高度一致，这才有了两国领导人互动的大手笔，并在几年后正式建交，从而带来中美更广泛和密切的交往。

“如果尼克松从未前往中国会怎样？”美国《国家利益》曾以此为题撰文称，美中在1979年建交并非必然发生，但两国都存在从建交中受益的强大力量。或许只有尼克松才会在1972年去中国，但从长期看，即便他不去，也很难阻止中国再次崛起。文章称，直到20世纪90年代美中贸易展开，美国经济才受到相应影响。而中国经济转变的核心要素源自国内农业改革的成果，而非对美开放，“中美关系只对中国的转变起到次等作用”。

正如陈定定在文章中所说，美国只是像对许多其他经济体所做的那样给予中国正常的贸易地位，而市场准入本身并不会给中国带来现代化。倘若获准进入美国市场就能帮一个发展中国家迅猛发展，那么印度和巴西等国早就成为经济强国了。

究竟是谁将现代化带给了中国？美国学界早给出了答案。在史景迁的《追寻现代中国》中，作者讲述了中国在过去200年对现代化的追求。在哈佛大学荣休教授傅高义的《邓小平时代》中，作者探讨中国崛起历程，详细记录了20世纪八九十年代中国领导人坚定不移地让全球人口最多的国家走向开放和现代化的努力。

对于有美国学者称“过去美国让中国受惠很多，现在中国应该回馈美国”，陈定定对环球时报记者表示，该说法不恰当，中美经贸关系是互惠的。“中国的现代化得益于外部环境与自身改革的双重因素，并非某一个国家的馈赠。对于中美关系施惠与受惠的认知所导向的亏欠与回报思维，将是中美关系发展的不健康因素。”

德国《经济周刊》采访了美国著名未来学家、《大趋势》一书的作者及提出“全球化”一词的约翰·奈斯比特及妻子多丽丝·奈斯比特。他们认为，几个世纪以来，中国承担了重要角色，现在中国只是在回归这种角色。但许多美国人仍然瞧不起中国，无法想象中国崛起与美国并行。奈斯比特夫妇在其著作《中国大趋势》中对中国的发展经验作过总结：中国在一路走来的过程中成长起来，中国一直在边干边学，摔过跟头，也失败过，但它一直坚定前行。

在德国《南德意志报》看来，美国过去20多年的确希望“重建”中国，因为华盛顿一直寄希望于中国的市场开放与民主化进程能同时进行。按美国的构想，中国的经济崛起将会在中期内促进“民主化”，从而避免地缘政治竞争。尽管美国国内一直有警告声音，质疑是否应该让唯一值得重视的对手如此快速地发展经济，但质疑者一直是少数。然而，现在情况变了。吴心伯说，除了“美国重建中国论”，美国国内近年来还有“对华接触政策失败论”，这也是一种比较夸张的观点。此外，美国流行一种说法，称中国正试图颠覆现有国际秩序，要建立一种与现有所谓“自由国际秩序”完全不同的新秩序。

（摘编自《环球时报》2018年10月17日，原标题为《看！“美国重建中国论”这么来的》，作者为环球时报驻美国、德国特派特约记者张梦旭、青木，环球时报记者赵觉珵、丁雨晴）

多国经济官员：
我们相信中国经济

“如果不达成协议，中国将损失惨重。”不久前，美国总统特朗普曾在推特上发出这样的“警告”，并以此威胁中国尽快在贸易谈判中让步。亦有媒体分析称，美中贸易摩擦的升级加剧了人们对中国保持其增长势头的担忧，尤其是中国经济发展的长期前景将面临严峻挑战。不过，多国经济领域官员 2019 年 5 月 20 日在接受环球时报采访时均表示，他们对中国经济增长的中长期前景持十分乐观的态度：尽管贸易摩擦的确会带来一些不确定性，但中国过去几年实施的改革措施、本身拥有的丰富的技术和人力资源，决定了其将保持强劲且可持续的增长。

“我充分相信中国经济会继续增长并取得成功”，卡塔尔金融中心管理局董事会成员、英国籍经济学家阿纳布·班尔基于 2019 年 5 月

20日在接受环球时报记者采访时表示，中国在过去40年中取得的成就是人类历史上“最伟大的成就之一”，让八亿人口摆脱了贫困，“目前和美国的贸易纠纷当然影响很大，但它只是一个暂时性的问题，我看不出有任何原因会阻止中国经济在未来继续以可持续的方式增长”。

班尔基目前正在北京参加一个为期一周的“发展中国家金融领袖研讨项目”，该项目由南南合作金融中心和清华大学五道口金融学院共同主办，旨在加强中国与“一带一路”沿线国家和其他发展中国家的金融及经济交流。分析人士认为，在中美贸易纠纷迟迟未能解决的背景下，中国势必会更加倚重“一带一路”倡议等，发展与其他国家的经贸合作。

这名卡塔尔经济官员认为，中国拥有很多新技术，并且在一些领域仍具有很大的提升空间，若将先进技术应用于这些领域，将让这些行业“迅速地追赶上其他（更发达）国家”，使中国继续保持较快速度增长。对于中国最新的金融开放举措，他也表示认可，金融领域的开放需要“非常小心地管理”，“我相信从长远来看，人民币将成为世界最主要的货币之一。但当下如果太快地取消兑换管制，中国经济和世界经济都会受到冲击”。

哈萨克斯坦金融家协会主席阿赫马托娃·叶莱娜对记者表示，虽然有贸易摩擦，但她仍对中国的经济发展十分乐观，“我们可以看到，在过去五年到十年中，中国都成功避免了大规模金融危机，这让人对其未来发展也持乐观态度”。她说，自己充满信心的基础来自中国内部成功的改革举措，以及中国所拥有的巨大的人力资源。这位哈萨克斯坦官员表示，未来哈中两国在金融和基建等诸多领域将有巨大的合作空间。

墨西哥财政和公共信贷部副司长克里斯蒂安·胡阿雷斯也对中美贸易摩擦下中国的金融情况和可持续发展潜力表示乐观。他告诉记者，他认为中国不仅自身发展良好，还将能继续向世界“提供很多经验”，比如“令人惊叹的”数字金融体系。

（摘编自《环球时报》2019年5月22日，原标题为《多国经济官员讲述为何看好中国经济：我们相信中国》，作者为环球时报记者白云怡、谢文婷）

中外学者：
深化改革这五年，中国发展从量变至质变

▲美国库恩基金会主席罗伯特·劳伦斯·库恩（中新社　张茵/摄）

1978 年，党的十一届三中全会开启了我国改革开放的历史新征程。2013 年 11 月 9 日至 12 日，在北京召开的党的十八届三中全会吹响了全面深化改革的号角，中国的改革站在了新的历史起点上。从打击腐败、优化政府职能，到增添经济活力、治理污染，再到提升民众消费能力、编织更牢更密的社会保障网，中国这五年发生的变化是全方位的，同时也实实在在地服务于人民生活。

中国的崛起之路一直受到全世

界瞩目。在国外学界与商界人士看来，党的十八届三中全会对中国具有怎样的深刻意义？截至2019年，这五年来，中国取得的哪些成绩尤其受到外界关注？环球时报就此话题采访了多位外国学者、商界人士。

全面深化改革拉开序幕的大背景："量变积累至质变，中国发展到达新阶段"

环球时报：您认为，应该如何评价十八届三中全会的历史地位？在2013年这样的时间节点，中国领导人对全面深化改革进行总部署、总动员，这具有怎样的重要意义？

罗伯特·劳伦斯·库恩（美国库恩基金会主席）：2012年底习近平就任中共中央总书记以来，中国共产党在整个社会层面加快了改革进程。要了解中国改革的程度就必须认识到，中国的全面深化改革包括经济、社会、军事、政治等各个领域。中国的改革已经超出了纯粹的政治改革范畴，而西方国家对改革有一种狭隘的理解，一般认为只有政治改革才算是改革。

举例来说，在医疗保健领域，特别是在农村地区，中国进行了重大而广泛的改革。同时，中国还着力打击贿赂医生和医院吃回扣的腐败行为，并提供更加完善的医疗保健设施和更全面的社会医疗保险。这些都是中国共产党实施的真正的改革措施。

中国共产党最重要的改革或许是实施精准扶贫行动。近年来，中国共产党发动一大批党员投入精准扶贫行动中，致力于实现到2020年使每个贫困家庭摆脱赤贫的目标。与此同时，中国学术界和政府部门一直在争论如何最好地优化国有企业，推动国有企业改革。

全面深化改革之所以如此关键，是因为中国改革已经进入了深水区，不能够像在浅水区那样进行改革。

改革可以称为习近平执政的动力和引擎。中共十八届三中全会通过的336项重大改革举措，仅2014年就完成了80项。

纳赛尔·阿卜杜·阿勒（埃及艾因·夏姆斯大学中文系教授）： 2012年，我结束在埃及驻华使馆挂职旅游参赞的近八年生活。我在中国的那个时代，中国经济基本保持两位数增长，综合国力大幅提升，中国超越日本成为世界第二经济大国正是发生于2010年。我因为推介埃及旅游的工作职责，非常关注当时刚兴起的社交媒体，通过上网及与老百姓聊天，很明显地感受到社会矛盾日渐突出，老百姓在欣喜于钱包鼓起来的同时，对收入差距的日益拉大、一些官员寻租腐败的不满情绪在上升。在这样的大背景下，中国拉开全面深化改革的序幕，对其发展有着重要意义。

冯钺（中国社会科学院政治所研究员）： 从外部来看，2013年中国经济总量已大约为第三大经济体日本的两倍，超过美国的一半，这对西方甚至整个世界来说，都是影响很大的一件事。量变积累至质变，中国的发展到达这样一个新阶段，意味着改革开放的征程须迈向更深入、更广泛、更大力度的新台阶。

从内部来看，党的十八届三中全会的召开是在十八大召开一年之后，此时，新一届党和政府的领导班子已经初步厘清国内的状况，并通过“打虎拍蝇”等反腐措施净化了党内的风气，这为全面深化改革创造了一个平稳的国内环境。

令外界印象深刻的深改成就：“中国的发展更科学更有持续性”

环球时报：全面深化改革五年以来，中国发生了哪些令您印象深刻的变化？

罗赛儒（中英商业融合有限责任公司首席执行官）：让我印象深刻的是，这五年来，越来越多的中国公司和品牌走向海外，并进行重大的跨境投资。

改革政策为社会带来了创新和公平竞争，当然挑战仍然存在，但改革背后的政策正在给中国积累财富、创造分配财富的机会。新旧改革之间的区别在于旧的更多地解决了经济的增长，而新的改革更重视嵌入“以人为本”的方法。

如今，中国正寻求从“世界制造业引擎”的数量驱动型经济转型至以创新为主导的质量驱动型经济。2015 年以来，供给侧结构性改革的实施大大提升了重工业部门的生产能力。

中国在外交政策上采取审慎务实的态度，如今正通过“一带一路”倡议增强和改善沿线国家民众的生活。

马特亚斯·霍尔泽格尔（德国柏林自由大学国际政治学者）：这五年里，中国的深刻变化随处可见。对我而言，最大的感受是在中国生活更加方便了，电子支付等诸多新鲜事物引领全世界潮流。此外，中国的环境更好，中国人随着国家正在国际上树立更加负责任的形象而更加自信。

我认为，中国在近年来取得的最主要成就是在科技发展领域，尤其是人工智能方面。现在，中国的研发支出已经高于欧盟，增长速度超过美国。与此同时，许多中国企业在各自领域都处于全球领先地位，比如华为公司的5G技术。世界500强企业中有近1/4来自中国。

与此前相比，中国这些年实施的改革措施目标更加明确，而且有清晰的时间表，内容上更加面向国际，有利于提升中国的全球影响力。

库　恩：最让我印象深刻的变化是农村土地改革，以及2018年3月的深化党和国家机构改革。

2006年，时任中共浙江省委书记的习近平曾经与我在杭州有过一次会面。习近平作为一个省委书记时的想法，与今天作为中共中央总书记发表的公开讲话有许多一致性。习近平当时对我说，尽管中国改革开放已近30年，我们取得了一些成功，但是我们应该对取得的成就进行谨慎的评估。我们不能够高估自己，更不能够沉迷于自己所取得的成就当中。中国要不断追寻下一个更高的目标，认识到我们所处的位置和我们要实现的目标之间的差距，这是一个坚持不懈的过程。他强调，中国特色社会主义道路是中国实现最终繁荣的必由之路。经济增长不能忽视全面发展的重要性。

阿　勒：过去五年，我看到习近平主席在经济发展、反腐等领域带领中国取得的成绩，在埃及政界获得很高认同。不少政府部门找到我，希望能够向中国同行取经，与中国共同进步。

据我了解，埃及方面一直在关注中国国家监察体制改革的进展，并在中国作出建立国家监察委员会的重大决定后，希望能学习有关经验。埃及的国家监察委员会一直同中方相关部门保持沟通与合作。

中国的军队改革及反腐败行动立竿见影，成效卓著。埃及政府 2017 年曾参照中国的做法，查办了两名部长级的贪腐“大老虎”，在短时间内大幅改善军队风气。2018 年，埃及内阁下设机构行政管理署又掀起地方政府反腐高潮，法办包括旧开罗区区长在内的一众地市级官员，很好地净化了地方政治环境。

冯　钺：在过去五年中，中国改革成果最突出的特点是民生改善、民众对国家和政府的信心增强。党的十八届三中全会前，中国的经济增长非常快，但这也使得许多问题日渐暴露出来，比如老百姓最关心的医疗难、环境差等问题，还有贫富差距扩大。这五年间的改革正是更多在这些领域发力，让老百姓能真正享受到经济增长和改革开放带来的红利，对自己的生活与国家的崛起更有信心，也让中国的发展更科学更有持续性。其实，这就是十九大报告中所说的，从“高速增长”转向“高质量发展”。

中国的未来备受期待：“‘一带一路’倡议能带来更多朋友”

环球时报：您对中国接下来的改革有着怎样的期待？

库　恩：我期待中国在以下四个方面继续推动改革，取得显著成绩：首先是农村土地改革；其次是推进国有企业所有权、董事会制度和经营权的改革；再次是推进医疗改革，提高医疗系统效率；最后是推进科技体制改革，以科研成就论英雄，推进任人唯贤，而不是基于官僚主义和资历。我认为，中国能否在本世纪中叶成为社会主义现代化强国，这四个领域的改革很关键。

罗赛儒：鉴于内部与外部都面临挑战，我认为需要更好的监管环境，对金融市场有更完善的治理。引入更多“法治”将是改革的一部分。

我看到中国正更多地向外国公司推行友好政策，更多地向外企和外国直接投资，进一步开放市场。中国品牌走向全球将成为常态。“和平崛起”是中国的目标，这意味着这个国家将继续为国际社会提供优质产品。与此同时，中国的老年人将受益于技术发展，尤其是人工智能的逐渐普及。

从长远来看，“一带一路”倡议能为中国带来更多朋友。在英国，我们也正努力为中国的发展作出贡献，例如，我近期正在参与指导一批牛津大学的中国学生组织一场牛津中英国际论坛。通过类似活动，我相信会有更多人了解真实的中国。

冯　钺：接下来，中国将更加注重激发体制内的活力，加强干部干事创业的干劲儿，防治领导干部不敢承担责任、懒政怠政的现象。如何既把权力关在笼子里，也同时自我加压，激发释放更多积极性与创造力，将是摆在中共和中国面前的一个重要挑战。

阿　勒： 习近平主席曾说，中国的改革“已经进入攻坚期和深水区”，我非常同意他的说法，尤其是在经济领域。学界有个流行词叫“中等收入陷阱”，埃及跟人们熟知的拉美国家一样，不幸地跌入了这个陷阱。基于我们的经验教训，我认为创新很重要。只要找到提高竞争力、创新能力的增长点，相关问题就会得到缓解。而在提高创新能力的问题上，改善教育水平是关键所在。同时，中国仍应重视产业政策的杠杆作用，但宏观调节应更加精细化。

从这个角度看，习近平主席强调“改革不停顿，开放不止步”“全面从严治党永远在路上”意义深刻。延续习近平主席第一个任期内的反腐高压态势，形成长效机制，不仅有利于净化政治生态，更能打消很多人通过权力寻租挣快钱的想法，有助于维护正常的市场竞争环境。

（摘编自《环球时报》2019年1月11日，原标题为《听中外学者谈中国深改这五年：量变积累至质变，中国发展达到新阶段》，作者为环球时报驻美国、埃及、英国、德国特派特约记者张梦旭、曲翔宇、孙微、青木，环球时报记者白云怡）

美澳媒体：
中国崛起的故事远未结束

● 产品制造，中国有 15 年的领先优势

美国《华尔街日报》2019 年 8 月 21 日刊发文章（原标题为《制造商想离开中国去越南，却发现不可能》），分析认为，当前，美中贸易谈判难解难分，这本该是越南等国大放异彩的时候，但情况越来越明朗，即便这个东南亚国家和其他有志发展制造业的国家能够取代中国成为世界工厂，那也得要数年时间。

中国拥有专业化供应链，这令该国成为生产智能手机、铝梯子和吸尘器等各种产品的强国，而越南根本就没建立起这样的供应链。在越南，具备美国的安全认证和资本密集型机械的工厂难觅其踪。随着一些全球制造业厂商慌忙跑到越南等地建厂以避开美国关税，这个人口不到中国人口 1/10 的国家已遭遇劳动力短缺问题。Omnidex 公司的

运营总监许雯（音）说："中国有15年的领先优势——不论你想要什么，都有人做。"该公司为宾夕法尼亚州的工业设备企业McLanahan公司生产大型水泵。Omnidex将部分生产线转移到越南，但有种用于采矿的水泵需要80多个零部件，而越南的工厂目前只能生产20个。她说："别以为把公司搬到越南，就能找到想要的东西。"

众多企业高管表示，他们正在为世界两大经济体旷日持久的贸易摩擦做准备。鲜有企业计划全部撤离中国，但那些非常集群化生产的企业正急切地开拓其他目的地。一些公司把部分生产线迁到东南亚国家或其他地区，而把面向中国和非美国市场的生产留在中国国内。还有些手握大订单的企业则寄希望于其中国供应商把业务转出中国。企业高管们说，供应链重组很可能使中国的份额有所减少，但中国仍将占据很大比重。

新产业集群不可能在一夜之间建成。越南提供了廉价劳动力，但相比中国13亿多人口，越南人口只有1亿，且道路和港口已拥挤不堪。印度倒是不缺人力，但技能水平太低，政府的条条框框太多。新加坡的战略咨询公司化险咨询的分析师Giang Le说："现在人人都在问的一个问题是：我们应该到哪里去？答案可不好找。"

过去20年中国模式发展壮大，靠的是供应商彼此挨近，使生产更迅速、更便宜，也更有效率。如今，随着生产变得分散，有可能造成成本提高、发货时间延长，企业也容易受到不同税政和劳动政策影响。把供应给宾夕法尼亚州McLanahan公司的水泵生产线转移到别处颇费功夫。水泵由七八十种零部件组成，须做得严丝合缝才行。Omnidex公司最初尝试在胡志明市附近的工厂生产小部件，但据越南方面经理说，即便那样也不容易做：还有种粉末涂料很难搞到。在越南，可供选择的合格代工厂实在不多，那些为越南本土生产的工厂不一定有质控专家。来自中国的工程师于是不得不在中越之间来回跑，越南供应商一次又一次地做样品，这才终于搞对了。

位于胡志明市的Seditex公司为外企与本地工厂牵线搭桥。公司创始人弗兰克·沃森表示，习惯了在华经营的外国企业在越南难以适应，“在越南，现实情况是没有现成的解决方案”。

（摘编自《环球时报》2019年8月23日，作者尼哈里卡·曼达纳，乔恒译）

不要低估中国的企业家

美国前副总统、民主党总统参选人拜登认为，作为世界第二大经济体的中国尚不能威胁到美国。但拜登的观点与我最近前往深圳观察所得并不一致，至少在企业家精神和创新方面是如此。

深圳令我感到震惊。40年前的1979年，硅谷已经出现了苹果和甲骨文两家公司，风险投资公司蜂拥而至。而太平洋对岸的深圳当时依然是一个主要依赖渔业的小城镇，当地仅有几家制造水泥、拖拉机零部件和化肥的工厂。如今，深圳已经成为中国第八大城市，拥有1200万居民。深圳的地区生产总值仅次于上海和北京，位居中国第三位，同时也是全球风险投资的二十大目的城市之一。

科技和创新为深圳的扩张提供了动力。深圳拥有华为和腾讯，前者是全球最大电信设备制造商；后者跻身全球十大科技公司之列，处于人工智能软件行业的最前沿。造访深圳时，我见识了人脸识别、大数据分析、电动汽车生产等令人惊叹的创新之举。

深圳只是过去数十年间中国发生的翻天覆地变化的一个缩影。如果我们将专利申请量作为衡量创新的指标，根据世界知识产权组织的数据，2000 年，中国提交的受专利合作条约保护的专利申请量仅占全球总量的 4%。到 2018 年，中国提交的专利申请量已经与美国和日本相当，占全球总量的 1/5。

中国的发明家正在获得将创新商业化所需的资金支持。来自普华永道以及其他数据分析公司的数据显示，2008 年，全球近 60% 的风险投资投向美国，只有 8% 投向中国。而到 2018 年，中国在全球风险投资中所占份额已经增长至 39%，直追美国 42% 的份额。美国创业中心报道称，全球吸引风险投资最多的五座城市中有三座在中国。2018 年，北京吸引的风险投资资金近 730 亿美元。有专家预测，到 2019 年末或 2020 年，北京将超过旧金山成为全球吸引风险投资最多的城市。

其他数据也表明了同样的结论。2008 年，“全球创新指数”将美国评为世界上创新能力最强的国家，这也是美国最后一次占据榜首的位置。在当年的金融危机后，美国的排名滑落至第 11 位，到 2019 年又重新攀升至第 3 位。与此同时，中国的排名则从第 37 位稳步上升至第 14 位。

美国应该充分利用中国无法竞争的一个领域：对全球顶尖人才的吸引力。移民是美国在创新战争中的秘密武器。来自韦尔斯利大学、哈佛大学、西澳大利亚大学及世界银行的专家们对全球人才的流动进行了研究。他们的研究显示，美国吸引的拥有专利权的移民数量是排名第二位的德国的近 8 倍。2000 年至 2010 年间，有超过 19.4 万名专利持有人移民到美国。而在这场专利持有人移民潮中损失最大的是谁呢？没错，是中国。对此，中国应引起重视。

（摘编自《环球时报》2019 年 8 月 14 日，作者韦弗利·多伊奇为芝加哥大学布斯商学院教授，伊文译）

世界经济增长依然仰赖中国引擎

尽管与美国发生贸易摩擦，但中国仍将坚持政府的既定政策。中国政府工作报告已为 2019 年经济政策定下基调。中国设定了灵活的增长目标。

近来，中国经济冷却趋势已有所缓解。如今，随着供给侧改革范围扩展到金融等行业，中国监管部门正提供更多样化的服务、加强货币政策传导渠道，并提高金融资源效率。汹涌流入的资金显示看好中国股市的情绪正返回。此外，全球最大指数公司 MSCI 将把中国股市在其全球基准指数中的权重增至以前的四倍，这或将为中国吸引来 800 亿美元的外国资金。与此同时，上海证交所将推出类似纳斯达克的科创板，这无异于中国创新科技企业的金融孵化器。

尽管减速，但中国经济规模仅十年就增至当初的三倍。随着中国对世界 GDP 增长的贡献率仍将超过 30%，全球经济前景依然有赖中国支撑。

中国领导人对更包容性全球化的承诺仍坚定有力。无论珠三角大湾区的世界级生产力，还是助推 21 世纪全球化的“一带一路”倡议所带来的广泛国际合作，都彰显着中国的（强大）创新（能力）。

（摘编自《环球时报》2019 年 3 月 8 日，本文为美国 Seeking Alpha 网站 2019 年 3 月 7 日文章《尽管增长减速，中国仍是至关重要的全球增长引擎》，作者为丹·斯坦恩伯克，崔晓冬译）

中国崛起的故事远未结束

澳大利亚网站《了解和投资于中国的崛起》一文称，多年来，我们的经济财运一直与我们的北方邻国（中国）密切相关。我们亲眼见证了中国的经济发展，以及中国中产阶层的日益富裕如何改变金融市场。

目前，美国与中国之间的贸易摩擦和地缘政治竞争，受到了财经媒体的过多报道。但是，美中两个经济大国的紧张还有更多潜在因素，它或许与目前白宫内谁在主导关税战关系不大，它涉及中国领导人对其国家和人民的长远构想。

资本战略研究首席代表苏珊·迪茨·亨德森认为，当前的贸易紧张是多种因素作用的结果，目前不清楚形势最终将如何发展。但有一点是肯定的，它们不会打乱中国领导人的长远雄心。中国领导人很务实，中国对经济进行改革，使之变成质量更高、更先进、更开放的体系，近来虽受到地缘政治新形势的影响，但中国的改革步伐不会因此停止。

不论路上有什么障碍，无论是围绕美中紧张还是中国制造业将来如何发展，中国中产阶层消费者的行为，重点包括医疗、国际旅游和教育等，仍是一个有力的投资对象，它们似乎不受此类不确定性的影响。中国中产人群渴望更好的医疗、对子女更健康的食品、在清洁的环境里生活，这意味着相关产业的公司会继续受益。

比如汽车。目前在中国的一些二三线城市，汽车销量增长出现减速迹象，但仍是一个值得关注的领域。在一些小城市，人们在考虑购买第一辆车甚至第二辆车之前，会先考虑购车对住房成本的影响。

亨德森说："中产阶层在购买此类大件商品时会更加挑剔。但对于其他类型的产品，无论是消费品还是旅游，仍会强调健康。"升级此类服务和产品将是中国消费者持续关心的大事。

她说："我想，这是澳大利亚仍具吸引力的一个因素。随着与美国关系的变化，中国人会寻找教育、旅游等的替代目的地。"

中国的优先事项之一是清除相对低效的"老工业"，营造污染较低、更"清洁和绿色的"环境。但对于澳大利亚的矿业企业来说，中国的商机仍然存在，毕竟基础设施在需要的地方仍会建设。

中国政府知道，地方政府若要正常运转，需要落实各自的投资计划。因此，中央政府会制定更好、更透明的措施，允许地方政府借贷或筹资。亨德森说："这会推动基础设施投资继续。从这个意义上讲，澳大利亚出口中国的大宗商品仍有机遇。"抛开所有这些复杂的问题不谈，投资者大可放心，中国崛起的故事还有很多章节要讲。

（摘编自《环球时报》2019年8月6日，作者尼克·格罗夫，乔恒译）

［俄罗斯］谢尔盖·格拉兹涅夫：学习中国经验

“中国取得的辉煌成就，应让俄罗斯人认真思考一个老生常谈的问题：到底是什么阻止我们东山再起？”类似的反思言论最近几年时常出现在俄罗斯媒体上。很明显，中国正成为俄罗斯“转向东方”的最佳坐标。过去一年多，中国人民大学重阳金融研究院执行院长王文受邀4次去俄罗斯调研、走访，在同两国学者、企业家与官员的交流中，真切感受到俄罗斯人对中国的认识正加速转变。改革开放40年来，昔日的“老大哥”已在“偷师”学生，“参照中国经济发展经验”在俄罗斯不仅不再是一个羞于说出口的观点，而且已在很多领域付诸实践。

● 代表人物是普京总统的顾问

苏联解体后，照搬西方模式进行“自杀式”激进改革让俄罗斯吃了不少苦头。进入 21 世纪，俄罗斯延续苏联后期依赖出口能源为主的经济发展模式，国力开始恢复，但很容易受到外部因素干扰。受油价下跌、西方制裁以及世界经济深度调整的影响，俄罗斯经济陷入停滞、能源和武器领域出口收入明显不足，商业和投资活力下降，居民收入减少。这种背景下，俄罗斯越发难以忽视中国强大的经济向心力。“跟中国人合作，是有钱赚的”，基于这种务实的经济与安全利益考量，在俄罗斯精英群体中逐渐出现“借鉴中国经验”“向中国学习”的呼声，希望中国能为俄罗斯经济发展“造血”。

主张学习中国经验的俄罗斯代表人物是普京总统顾问、俄罗斯科学院院士谢尔盖·格拉兹涅夫博士。这位 31 岁就担任俄罗斯联邦对外经济联络部部长，后又任过国家杜马经济政策委员会主席等多个经济要职的重要人物，是目前俄罗斯最具有“向东看”开放意识的高层人士之一。近年来，格拉兹涅夫几乎每隔几个月就来一次中国，并推进与笔者所在的机构进行过三次“中俄智库经济对话”。每次对话会，都有一批俄罗斯经济、金融、战略、技术与军事方面的专家随他来中国。

格拉兹涅夫每次参加“中俄智库经济对话”都是一整天不离场，仔细听取并记录中方学者介绍的中国发展经验。他曾对笔者谈道：“中国发展模式有三方面值得俄方学习：一是中国摒弃西式民主，更注重国家治理能力的现代化和管理的有效性；二是中国通过制定‘五年规划’，采取政府调控与市场调节相结合的方式，实现了资源配置的最优化，从而保证宏观经济稳定与社会公平正义，建立起全球最为完备的产业链体系；三是中国建立了一套在中央银行宏观调控下，政策性金融与商业性金融分离、以国有商业银行为主体的多种金融机构并存的金融机构体系，这套体系相对独立于西方金融体系，并且行之有效。这些经验对俄方而言有重要借鉴价值。”

受格拉兹涅夫邀请，笔者两次在“莫斯科经济论坛”大会上作主旨发言，坦承“中国经济发展成就被俄罗斯低估”“俄应重视中国经验”“中俄进入相互学习的时代”等观点。“莫斯科经济论坛”有上千位俄罗斯精英出席，对笔者的发言，他们大都反馈积极。

普京总统连续多年参加的瓦尔代俱乐部年会被视为“最神秘的政治大会”，2017 年笔者受邀与会并介绍了中国在减贫方面的经验。俄罗斯外长拉夫罗夫在台下还专门与笔者谈到，俄方视“一带一路”倡议为重大的发展机遇，有助于俄方更好地了解中国的发展经验。年会最后一天，普京还邀请阿里巴巴集团主席马云，面对面听他介绍中国的电子商务与经济发展。

在 2018 年 4 月初举办的“莫斯科经济论坛”上，设了 20 多个平行分论坛。第一个分论坛主题是“如何对接‘一带一路’与欧亚经济联盟倡议”，据笔者观察，该主题最受关注，足足来了 400 多人，因座无虚席，很多人就站在会场后面听。在嘉宾发言中，当曾担任过英国高官的经济学家罗思义说“1992 年中俄经济总量差不多，而现在中国是俄罗斯的六倍，难道俄罗斯人不想一想是否应向中国学习”时，场下有许多人频频点头。

从漠视到重视

事实上，罗思义式的疑问此前已出现在俄罗斯公开舆论中。俄罗斯银行网 2018 年 2 月 7 日题为“为什么俄罗斯不像中国”的文章称：“为什么都是社会主义计划经济起步，且中国经济比俄罗斯的起步水准更低，但到今天，中国成为仅次于美国的第二大经济体，而俄罗斯却滑到第 12 位？”俄罗斯《独立报》2017 年底援引俄罗斯科学院远东研究所专家亚历山大·拉林的话说：“俄罗斯想要实现复兴，是时候学习中国经验了……中国让我们抱有乐观主义，如果中国人可以从落后和贫穷中逐渐强大起来，实现民族复兴，为什么俄罗斯不可以？”就连针对美国对俄罗斯钢铁提高关税，俄罗斯战略调查研究所专家维亚切斯拉夫·霍罗德科夫也呼吁政府“应向中国学习，对美国采取回击措施”。

“冷战结束初期，俄罗斯人一度把中国商人视为‘倒爷’，一些早期来俄的中国人还与黄赌毒沾边。有俄罗斯人曾抱怨，最优秀的中国人去了美国，次一些的去了欧洲，最差的中国人才来俄罗斯。”一位 20 世纪 80 年代就来莫斯科打拼的中国商人这样告诉笔者。今非昔比，他接着说：“但现在随着来俄中国人的素质与出口俄罗斯的中国商品质量越来越高，俄罗斯开始更客观地看待中国，接近中国。”2018 年 4 月 3 日，“莫斯科经济论坛”开幕式结束后，一位俄罗斯企业家还专门拦住笔者，用不太流利的英文介绍自己十多岁的孩子，希望他以后可以到中国长长见识。

曾在莫斯科居住过八年、现已在中国智库工作五年的罗思义认为，苏联解体后，俄罗斯对华心态分为三个阶段：1992 年开始微弱地意识到中国改革的借鉴价值；1999 年后油价上涨、俄罗斯经济快速增长，让俄罗斯信心大增，一度漠视中国经验；2014 年后，俄罗斯受到西方全面制裁与挤压，开始深度调整对华心态。罗思义说："这个进程（或许）很缓慢，可能需要 10 年至 15 年时间。届时俄罗斯或许会更深刻地学习中国的发展经验。"

东方的"最佳坐标"

在笔者看来，中国应对金融危机的做法，让俄罗斯至少 10 年前就有所感悟。早在 2009 年，莫斯科时报网、《导报》等均发表过主题为"向中国学习"的文章，其中提出俄罗斯现在越来越难以抵挡中国巨大的经济魅力和政治影响力。改革开放让中国的现代化获得巨大成功，俄罗斯应向中国学习。在俄罗斯，即便是国内经济决策也要越来越多地将中国因素考虑进来。

虽然这些年也有一些俄罗斯媒体刊文争论，认为中国模式不可能适用于俄罗斯。但无论如何，"向东看"在过去十年已日益成为俄罗斯既定的重大战略，如开发远东地区、致力于在远东打造自由贸易港。2015 年的一项民意调查显示，59% 的俄罗斯人支持延续或启动"俄罗斯向东转"的政策，70% 的人认为，俄罗斯"向东转"与亚洲国家积极合作利大于弊。

强大的民意基础使俄罗斯近年来不少政策都出现了中国的影子。俄罗斯效仿中国开始建立经济特区。截至 2017 年，俄罗斯有 24 个经济特区，分为工业生产型经济特区、技术推广型经济特区、旅游休闲类经济特区以及港口特区。

俄罗斯还引进了中国工业园模式。2017 年夏天，俄罗斯产业集群和科技园协会主席什皮连科表示，俄罗斯远东地区计划再设立 15 个工业园，包括航空、林业、鱼产品加工等。据俄罗斯工贸部 2017 年统计，俄罗斯中部有 80 个工业园区，而东部仅有 11 个，因此支持在远东地区建设产业园是优先工作方向。

俄罗斯政府还借鉴中国的做法，制定中小企业发展规划。占地 27 公顷的莫斯科格林伍德商贸园区，由中国央企直接投资运营，是目前中国企业在海外最大的商贸投资项目。目前有约 300 家、来自 14 个国家的公司入驻该商贸园区。笔者在园区里看到各类知名公司的广告牌，颇有国内中央商务区的感觉。

随着中国企业和游客增加，学习汉语的俄罗斯人也多了起来，2020 年汉语将作为一个外语科目被纳入俄罗斯国家统一考试体系。在俄罗斯国家历史博物馆，陪同笔者调研的商务人士谢华指着写有中文的指示牌说，近年来，莫斯科各大景点和航站楼都增加了中文提示。

▲俄罗斯规模最大的商贸园格林伍德国际贸易中心实景（中新社　田冰/摄）

中国可引领金融、产能、电商合作

“俄罗斯人真在学中国吗？”笔者在俄罗斯期间问了数位资深人士，答案是多样的。俄罗斯人民友谊大学教授、汉学家尤里·塔夫罗夫斯基对笔者说，近年来，很多俄罗斯专家学者开始关注和研究中国模式，俄罗斯国内成立了智库团队，向媒体、公众和政府介绍中国模式值得借鉴的优点，以期通过学习中国经验来实现俄罗斯伟大复兴，实现中国梦与“俄罗斯梦”的完美结合。也有的说，俄罗斯以中国为参照探索本国的发展道路，但并不是要复制中国道路，只是部分借鉴学习。还有的表示，俄罗斯人内心高傲，对中国发展经验感兴趣，但不意味着甘于成为“中国学生”。在笔者看来，中俄已进入“相互学习的新时代”，中国要抓住俄对华心态转变的机会，但也要“戒骄戒躁”。

中国要把俄罗斯人的处事规则研究透彻，“精耕”俄罗斯而不是急功近利，这正成为一种共识。据笔者观察，中俄两国对视的社会心理都出现新的调适，平等化的趋势越来越明显。“关键是中国要做好自己，世界才能看到中国最好的一面。”一位与俄罗斯打了 30 多年交道的中国企业家这样告诉笔者，他认为：“中俄关系正在进入新时代。两国都要放下身段，超越历史，认真发掘对方的优点与长处。中国不必指导、也指导不了俄罗斯，俄罗斯有其深厚的底蕴，许多方面仍值得中国学习；同时，俄罗斯也须更加向中国开放。”

目前中俄之间存有“政热经冷”的局面，两国年贸易额仍未突破 1000 亿美元，相当于中韩贸易额的 1/3 左右。笔者在和俄罗斯学者的交流中提出，双方要反思如何超越“能源型贸易关系”，在俄罗斯已表现出浓厚的对华合作与借鉴中国经验的意愿下，经济总量上占优的中国更是可以起到引领作用，特别是在金融、产能和电商三个合作的领域。面对西方制裁，俄罗斯实体经济缺乏资金支持，如果中国雄厚的资金和金融服务实力能为俄罗斯实体经济注入资金，提供长期信贷服务，对处于困境中的俄罗斯经济而言无疑是雪中送炭。

（摘编自《环球时报》2018年4月11日，原标题为《感受俄罗斯悄然“偷师”中国》，作者为中国人民大学重阳金融研究院执行院长王文）

欧美学者：

西方不应把中国企业视为“异类”

“一个像英国一样开放的国家不应拒绝中国投资”，“当市民走进你的办公室要就业机会时，你总得想办法”。也许在十年前，很难想象这些话出自英国副首相和美国地方市长之口。作为投资场上的后起之秀，中国投资风正刮向欧美市场。中国商务部2015年年初公布，2014年我国对外投资规模达到1400亿美元，比中国利用外资高出200亿美元，这意味着中国加入资本净输出国的行列。一时间，有国际媒体惊呼，从“投资中国”到“中国投资”，中国正在完成从世界工厂晋级为全球投资者的华丽转身。根据国际经验，成为对外净投资国是一国迈向发达经济体过程中的重要一步。然而，对于中国投资，西方还有些犹豫，既想拥抱，又保持距离。很多接受《环球时报》采访的欧美学者开始呼吁：西方不应再戴着有色眼镜，把中国企业视为“异类”。

▲中国企业福耀集团位于美国俄亥俄州代顿市的生产工厂为美国老工业城注入活力。图为一名工人驾驶叉车在厂区内行驶（中新社　马德林 / 摄）

中国从迟到者到后起之秀

在欧盟总部所在地布鲁塞尔的各大书店里，一本《中国走向西方：中国企业国际化你必须知道的事情》的书卖得很火。书的扉页上有这样一段生动的描述："中国企业的先头部队已经来了！全世界的消费者正在联想电脑上打字，在海尔冰箱里储存食品，通过华为手机打电话。"该书作者是美国知名投资顾问、美国前沿战略集团副总裁乔尔·巴克勒。他多年奔走于中国与欧美诸国之间，为彼此的企业到对方投资出谋划策。

因为这本书，欧美多家机构邀请巴克勒去作专题报告。欧盟知名智库欧亚研究中心前不久也请巴克勒到布鲁塞尔参加关于中国投资的研讨会。巴克勒在接受环球时报记者专访时表示："中国企业如一支新的军团正向西方市场挺进，这是中国投资在全球流向上出现的最新动向。过去很长时间，在西方市场很难看见中国企业的身影，但在最近几年，中国投资的身影日益清晰，想视而不见都是不可能的。我相信，中国企业走向西方是不可阻挡的趋势，未来西方人肯定要在中国投资的伴随下生活。"巴克勒说，20 世纪 90 年代，中国在西方投资只有 20 亿美元，到 2006 年增加到 200 亿美元，到了 2012 年便如火箭般飙升至 700 多亿美元。此外，中国商务部的数据显示，2014 年中国对发达国家投资增长很快，对美国投资增长 23.9%，对欧盟投资增长 1.7 倍。

"中国投资是欧美市场的迟到者，虽然它目前在欧盟吸引的外资中所占比例还不太大，但在欧盟增长的速度很快。随着中国企业更多地来到欧盟市场，相信未来中国投资在欧盟外资当中所占比例会有大幅度提高。"欧亚研究中心首席顾问约翰·法诺这样告诉环球时报记者。法诺曾在欧盟委员会企业委员会担任司长，现在致力于研究欧盟与中国的经贸关系，并正在写一本关于中欧经济互动的书。西方学者的研究认为，作为对外投资的后起之秀，中国的重要性已超过欧盟和日本，成为仅次于美国的全球第二大对外投资国。这是中国经济体量、质量、融入全球经济程度达到一定水平的结果，也是中国企业竞争力和国际化提升的标志。

西方不应把中国企业视为"异类"

在欧亚研究中心举办的研讨会上，巴克勒通过主旨演讲告诉在座来自欧盟的官员、企业家和学者："我今天来就是要传递这样一个信息：

中国企业正在向西方市场走来，我们不能再忽视这个现象，我们也不能歧视中国企业。”巴克勒进一步阐述说，“中国企业确实和西方企业长得有点不一样，但不同不应该被解读为‘异类’和‘恶意’，我们可以审视，但不应该猜忌。”巴克勒说，他历时四年完成的《中国走向西方》一书就是要向西方读者全面介绍中国企业，让西方政府、企业和社会正确对待中国投资，不要因为偏见和误解而错失发展良机。据他观察，面对中国企业这股“新生力量”，西方的反应复杂，其中不乏担忧和猜忌。在美国《华尔街日报》和英国《金融时报》等西方主流媒体的相关报道中，就不难看出这种情绪。2012 年 10 月 8 日，美国国会众议院情报委员会发布报告，指控中国企业华为和中兴“对美国构成安全威胁”，但结果表明，所有指控都没有事实根据，不是道听途说，就是凭空臆想。

对于外资进入，西方有一种本能的抗拒反应。20 世纪 60 年代，美国可口可乐公司进入欧洲市场时就遭到强烈抵制。欧洲人认为，美国政府通过该公司向欧洲输出美国文化或从事间谍活动。欧洲反美阵营为此专门发明了“可口可乐殖民化”这样一个怪词。因此，巴克勒认为，由于意识形态的差异，西方对中国企业的抗拒更甚。

巴克勒“不要把中国企业当成‘异类’”的呼吁现在在欧美很容易找到共鸣。在 2015 年的达沃斯论坛年会一场讨论国际投资的分论坛上，高盛集团董事长兼首席执行官劳尔德·贝兰克梵与英国副首相尼克·克莱格共同发出警告，希望西方不要畏惧来自中国的投资。对于中国双汇集团 2013 年出资收购美国最大猪肉生产商史密斯菲尔德的交易，贝兰克梵表示：“中国人是好业主，他们的资金也是好的，他们的投资会带来就业。”克莱格表示，中国近期在英国的投资，包括中国主权基金收购希思罗国际机场 10% 股份，就受到欢迎，“一个像英国一样开放的国家不应该拒绝类似的投资”。或许正是这种开放的心态，使英国过去 15 年一直“轻松”维持着中国对欧洲投资第一大接收国的地位。

2014 年，希思罗机场经营方曾邀请环球时报记者参观即将重新对外运营的航站楼。在参观过程中，机场方面就表示，希思罗机场作为英国重要的交通枢纽，多年来一直面临不断增加的客流压力，因此只有获得更多的外部资金，才能保证其正常运作，对于中方的投资，他们非常欢迎，并认为这种由国际资本运作的方式，远比国有化管理更加有效。中国对英投资并不意味着项目都在英国本土，近几年，英国一些能源巨头在乌干达、澳大利亚等国的业务也有中国海洋石油总公司的投资。

因中国企业的投资与英国民众的生活息息相关，所以英国政府对中资流入英国市场总体持欢迎态度。英国财政大臣奥斯本曾在 2014 年的一场英中投资会议上表示：“我请大家想一想，在西方还能找到哪个国家能像中国这样与我们合作。”

● 美国贫困县出现中国民营企业

“距离华盛顿越远，那里越欢迎中国投资。”有美国专家曾这样告诉环球时报记者。在美国，搞经济主要是州和地方政府的工作。美国各地方政府拼经济、拼就业，非常欢迎中国投资，为吸引中国投资，优惠政策力度非常大。为积极招商引资，甚至人口仅有 300 万的犹他州，也向中国派出了一名商务代表。

美国南部亚拉巴马州多森市市长迈克·施米茨曾是当地一家汽车经销公司的老板，多次随经贸代表团来中国引资。2014 年，他自掏腰包在市里举办中美制造业论坛，吸引中国投资。记者问施米茨为什么这么做，他说，当市民走进你的办公室，向你要就业时，你总得想办法。论坛上他告诉市民，举办这样的论坛不一定能立马引来中国投资，但不做，就意味着没有任何机会。

投资欧美的中国企业中有不少民营企业的身影。河南金龙精密铜管集团股份有限公司（金龙集团）文化传媒办主任岳振廷4月10日告诉环球时报记者："公司在美国亚拉巴马州投资建设的铜管厂自2015年5月投产以来，运行正常，目前看，这个投资项目是比较成功的。"亚拉巴马州位于美国南部，经济相对落后，金龙铜管厂所在的威尔科克斯县更是全美有名的贫困县。作为总部在河南新乡的一家民营企业，金龙集团投资近一亿美元兴建的这家大型铜管厂，结束了当地附近几个县市近半个世纪没有新建一家制造业工厂的历史。记者去这家有望给当地创造500个就业机会的工厂采访时，首先看到的是门前飘扬的中美两国国旗。

美国国际咨询服务公司总裁、前美国助理贸易代表查尔斯·布鲁姆告诉环球时报记者，中国企业在美投资大有可为。他认为，促进健康的投资对两国经济关系的未来至关重要，美中双方基于互惠互利原则，都应该欢迎来自另一方的投资，避免对外国资本的歧视，并将国防、通信等受限制行业的管制程度降到最低。

（摘编自《环球时报》2015年4月13日，原标题为《西方不应把中国企业视为"异类" 盼政府别惧中资》，作者为环球时报驻比利时、英国特派特约记者任彦、纪双城，环球时报记者吴成良）

［美国］薄瑞光：

中国的成功也是世界的成功

中国提出“改革开放”政策八年后，越南共产党于 1986 年 12 月的第六次全国代表大会上提出“革新开放”路线，打破了长久以来的封闭，将越南推入经济高速发展时期。在中国迎来改革开放 40 周年之际，越南也进入革新开放的第 32 个年头。2018 年 10 月，环球时报记者采访美国前驻越南大使薄瑞光（Raymond F. Burghardt），听他讲述对中越两国过去几十年的观察及未来展望。

薄瑞光现为美国太平洋世纪协会总裁，他于 2001 年 11 月至 2004 年 9 月担任美国驻越南大使。谈起越南的革新开放，他说，越南初期“以华为师”，和中国走的发展路径非常相似。越南开放经济，引入外商投资、开放国内私营企业、建立股票市场等措施都以中国为样本。不过两国也有一些不同。中国是在已经建立起国有工业基础之后开始的改革开放，而越南当时还不具备国有工业基础，是从较低的经济发展水平开始的革新开放。因此从某种程度上来说，越南提升空间更大。

据越南官方统计，2018 年上半年越南国内生产总值同比增长 7.08%，创八年来新高，可见越南在保持较高经济增长率方面做得不错。薄瑞光对越南未来的经济发展持乐观态度，他告诉环球时报记者：“越美 1995 年建交后，两国关系迅速改善。越南人非常现实，不愿意谈论几十年前的越战，更愿意讨论美国怎么帮他们赚钱。”

薄瑞光与中国也有较深的渊源。他第一次到中国是 1978 年 1 月。1979 年美国驻华大使馆正式建立之前，薄瑞光曾在美国驻华联络处工作。20 世纪 80 年代到 90 年代，薄瑞光分别服务于北京和上海的美国驻华大使馆和总领馆。可以说，他也是中国改革开放的见证者。

谈起中国改革开放所取得的成绩，薄瑞光对记者表示：“最耀眼的当然是中国的经济成绩单。中国打开自身市场，与世界其他国家进行

▲2017 年 10 月，广西东兴实现人民币与越南盾现钞跨境双向调运（中新社　陈义才 / 摄）

贸易和投资互动，促使中国在经济方面取得显而易见的巨大成功，促成中国在当今国际经济舞台上扮演重要角色。可以说，中国改革开放的成功不仅是中国的成功，也是世界的成功，其他国家也从中国改革开放的成果中获益。”

在诸多成果中，让薄瑞光印象最深刻的是“中国人民多了自主选择权”。20 世纪 70 年代他刚与中国人接触时，分配工作等现象盛行。而现在，中国人可以自主选择在哪里生活，做什么工作。“这些成绩不像经济成绩那样容易得到广泛关注，但我认为这也是非常重大的进步，中国人民应当为此感到骄傲。”薄瑞光说。

“多年来外界一直预测中国经济何时崩溃，可从没猜中过。我认为这根本不可能发生，中国的经济发展依然会继续保持良好态势。”谈起改革开放 40 年后的中国，薄瑞光对记者说：“中国发展已达到较高水平，经济增速会不可避免地出现减缓，这对世界上任何国家来说都一样，美国也是如此。所以，尽管中国人民可能还不太适应，但还是应该正确看待中国经济增速放缓的现状。”

薄瑞光认为，正如许多经济学家所说，中国也存在需要处理的问题，较高的债务水平就是其中一个。不过总体来看，他对中国未来的发展保持乐观。“我坚信，中国人民的整体生活水平还会进一步改善，中国将与其他国家建立更密切的联系和更深厚的友谊。”

（摘编自《环球时报》2018 年 10 月 8 日，原标题为《美前驻越南大使：中国的成功也是世界的成功》，作者为环球时报记者邢晓婧）

国际社会盛赞中国的脱贫成就：人类历史的“惊人之举”

“脱贫攻坚战”是习近平总书记在中共十九大报告中多次提及的关键词，从中国“脱贫攻坚战取得决定性进展，贫困发生率从10.2%下降到4%以下”，到“坚决打赢脱贫攻坚战”，“坚持精准扶贫、精准脱贫”“做到脱真贫、真脱贫”，再到“鼓励引导人才向边远贫困地区、边疆民族地区、革命老区和基层一线流动”。中共十九大前后，国际社会盛赞中国的脱贫成就，认为这是人类历史的“惊人之举”，很多国家既在借鉴中国的成功经验，也在关注中国的“后续战役”。

● “人类历史最大的社会变革”

中国脱贫进展受到国际社会的高度肯定。美国国家公共广播电台2017年10月19日的报道，讲述了中国过去五年6000多万贫困人口稳定脱贫的成果，以及扶贫方式的转变。文章援引研究中国脱贫工作的澳大利亚墨尔本大学研究员萨拉·罗杰斯的话说，官员会得到具体的减贫目标，“如果达不到，就会有点麻烦”。西班牙《国家报》认为：“过去35年有多少中国人成功脱贫，应是最常被引用的数据。事实上，没有任何其他国家能在如此短的时间内取得如此惊人的减贫成绩。”墨西哥《财经学人》报道称：“中国改革开放至今，7亿多人脱贫，中国经验告诉我们，并非完全由政府全权负责到底，更多的是政府给予优惠条件和政策，鼓励个人发挥主观能动性来改善生活。”

2017年10月12日，世界银行行长金墉在国际货币基金组织和世界银行秋季年会开幕新闻发布会上说，全球极端贫困人口比重从20世纪90年代的近40%降至目前的10%左右，其中绝大部分贡献来自中国，

▲截至2018年年末，中国农村贫困人口从2012年年末的9899万减少至1660万，累计减少8239万，贫困发生率从2012年的10.2%下降至1.7%。图为2019年数博会“大数据与全球减贫”高端对话现场（中新社　贺俊怡/摄）

这是人类扶贫开发史上的重要篇章。阿根廷新闻网 INFOBAE 于 2017 年 8 月刊文称，中国脱贫成就是人类历史上最大的一次社会变革，是令人惊叹的创举。文章说，中国的经验值得“自然资源丰富、人口稀少但仍有 1/3 人口处于贫困线以下的阿根廷”研究和学习，如政府制定详尽、可行、期限明确的规划；政局稳定，社会共识高；有针对性地发展试验区；大力发展教育等。古巴共产党中央机关报《格拉玛报》2017 年 8 月专门报道中国人口大省四川的脱贫经验，并提到“除政府出力外，私营企业在减贫中也起重要作用，是消除贫困的主要力量之一，超过 2800 家企业与全省贫困村配合创造就业机会，为创业提供帮助和咨询”。

国际舆论也注意到中国脱贫攻坚战还有很多实际挑战，除深度贫困地区脱贫任务外，还有一些个体的极度贫困现象。2017 年 10 月 15 日，路透社一篇报道的采访对象是一位在北京拾荒的 59 岁河南老人，患有精神疾病的老伴和孙女依赖她每月 1500 元卖废品的收入生活。报道称，这位老人的状况凸显政府在 2020 年前全面解决极度贫困问题上所面临的艰巨任务，但中国正为此加大减贫力度。

● “脱贫效率值得欧盟学习”

世界银行前经济学家、肯尼亚著名学者姆旺吉·瓦吉拉告诉环球时报记者，中国最激动人心的成就发生在过去五年，其中包括持续不懈的脱贫攻坚战。非洲人急切地渴望学习中国如何成为全球第二大经济体，并进行再分配，避免财富集中在少数人手中。他还表示：“中国的人均国内生产总值到 2020 年预期将达到一万美元左右，中国如何在短短数年就实现这一跨越，有效地减少了贫困？这是非洲许多人想知道的答案，因为非洲必须在这个世纪复制中国的成功。”毛里求斯总理贾格纳特非常认同中国古话“授人以鱼不如授人以渔”，他认为这与毛里求斯减贫工作理念相同——需要提高贫困家庭的自力更生能力。

习近平总书记著作《摆脱贫困》英文版、法文版发行到非洲国家后，福建宁德的减贫经验也为非洲发展带来许多启示。读过该书的乌干达《新视野报》总编卡伊加 2017 年 6 月撰文称，《摆脱贫困》一书是“所有领导人的金矿”，宁德当时所面临的发展挑战，与现在所有贫穷国家面临的挑战是相似的，攻坚战需要从思想上开始，领导者要有必胜的信念。思想转变后，要像宁德地区一样，考虑到自身地处偏远、缺乏水利设施等特点，逐步实现“弱鸟先飞”。文章称，乌干达卢韦罗地区正是结合了当地自然条件，采用小塑料瓶进行浇灌的方式，提高了农业产出。卡伊加告诉《环球时报》记者，“现在宁德已从渔村变成工业化城市，宁德当初脱贫的经验显示，在合适的时间进行正确的干预，就可以打赢发展的战役，选取时间点至关重要。许多发展中国家面临的问题都可以从《摆脱贫困》一书中找到答案。”

国际水资源协会前主席、新加坡国立大学李光耀公共政策学院客座教授毕斯瓦 2017 年 10 月 18 日在《爱尔兰观察报》撰文称，中国最适合领导全球减贫。

除了经验，中国的投资也在帮助很多国家减贫。北京大学国家发展研究院副院长余淼杰告诉环球时报记者，研究数据显示，中国对一个非洲国家的投资每增加 10%，该国的就业率就会增长 0.5%，贫困发生率就会降低 1% 到 3%。

人口大国印度也对中国减贫十分关注，并将印中进行对比。《印度时报》2016 年 12 月 1 日曾以“中国人均国内生产总值达 8000 美元，70% 贫困人口脱贫”为题作过报道。新德里电视台也专门播放过《联合国：中国在全球减贫中起到中心作用》的节目。据印度今日商务网报道，印度生活在国际贫困线以下的人口占世界第一，2013 年约有 30% 的印度人口每日生活费不足 1.9 美元。环球时报记者年初到孟买达拉维贫民窟采访，在这个“亚洲最大贫民窟”里，看到的是狭窄的街道、悬在空中杂乱无章的电线，闻到的是刺鼻的臭水沟味和垃圾味。贫民窟内挤着上百万人，似乎看不到什么当地政府的减贫整体规划。

贫困问题不仅困扰着发展中国家，也困扰着欧美国家。欧洲议会欧中友好小组秘书长盖琳从 2006 年开始，一直关注中国西藏的发展。2014 年 6 月，盖琳和欧洲公共外交人士访问团走访西藏林芝八一镇小康示范村唐地村时了解到，当地得到广东省对口援助，这种模式给处于经济危机中的欧洲很多启发。他们随机走访的两家农户，一家是果农，种植的西瓜和西红柿绝对原生态；另一家是搞建筑的，家里盖起四层小楼。最让他感叹的是林芝市实现全市 WiFi 覆盖，而欧盟一些发达城市至今还做不到这一点。

2016 年 8 月，6 位议员和盖琳组成的欧洲议会欧中友好小组代表团再次来西藏考察，了解达东村贫困户脱贫的情况，并到村民家品尝牦牛肉和酥油茶。盖琳告诉环球时报记者，欧洲同样面临脱贫问题。官方数据显示，2015 年，41.3% 的保加利亚人、37.4% 的罗马尼亚人和 35.7% 的希腊人受到贫困威胁。就整个欧盟来说，27% 的儿童生活在贫困中，这样的情况甚至发生在法国、德国、英国。相比之下，中国的脱贫效率值得欧盟学习。

（摘编自环球网 2017 年 10 月 23 日，原标题为《由惊人数据看到希望 中国脱贫攻坚战成全球“金矿”》，收入本书时有删减。作者为环球时报驻南非、西班牙、印度、美国特派特约记者李志伟、王迪、元贞、丁玎，环球时报记者陈青青）

［英国］麦克·贝茨勋爵：

我想了解中国如何让那么多人脱贫

2018年9月17日从北京市通州区出发，29日以河北省曹妃甸为终点，这是来自英国的麦克·贝茨勋爵夫妇正在进行的“为梦想行走”徒步活动。贝茨勋爵是英国国会上议院议员、国务大臣，他的妻子李雪琳来自中国。一直以来，贝茨勋爵都非常关注中国，并积极推进中英合作往来。由于2018年是中国改革开放40周年，勋爵夫妇的徒步路线充分体现了中国过去几十年的发展变化。近日，环球时报记者对贝

▲贝茨勋爵夫妇在徒步（《环球时报》/供图）

茨勋爵进行了专访。

环球时报：2015 年夏天，您在中国进行了“为和平行走”的徒步之旅。此次再来中国徒步是什么原因？

贝茨勋爵：2016 年，我和妻子雪琳走访北京曹妃甸国际职教城，我们对那里世界一流的设施印象深刻。我们很乐于与学生们见面，鼓励他们找到并追求自己的梦想。从那时起，我们就和北京曹妃甸国际职教城总经理姚义纯建立了良好的友谊。2017 年，姚义纯邀请我们开展“Walk Your Dream（为梦想行走）”活动，从北京徒步至曹妃甸，为贫困学生募集职业教育奖学金。正是这个很棒的主意让我再次来到中国。

我们本计划用更长时间在中国徒步，但我在议会一直忙于“脱欧”事宜，因此只有两周时间。但我们仍希望看到中国在过去 40 年发生改变的很多例子，也希望将来有时间走访更多城镇。

环球时报：您对中国改革开放的兴趣是怎么产生的？

贝茨勋爵：我接受的是政治经济学教育，因此一直对经济如何运作及发展十分感兴趣。20 世纪 90 年代在英国财政部任职时，我就着迷于政府如何制定帮助公司发展的政策。过去 10 年，我的兴趣转向了解世界上最贫困国家如何为经济增长创造合适的条件上。目前我担任英国国际发展部国务大臣，我也被要求重点关注经济发展。我对中国感兴趣，是因为它让如此多的人口摆脱贫困，超过了人类历史上的任何一个国家。我想了解他们是如何实现这一目标的，以便让这些经验可以帮助其他人。

环球时报：中国从贫弱的国家发展成为在当今世界举足轻重的国家，您认为改革开放起了多大作用？

贝茨勋爵：在我看来，邓小平领导的改革开放是经济成功的基础。重新开放大学，对国际贸易和外国投资开放，对基础设施的投资，以及开放上海证券交易所等政策带来了经济繁荣。

环球时报：中国改革开放之初，英国国内是怎么看待中国的，接下来又是怎样参与的？

贝茨勋爵：1999 年，英中贸易额为 61 亿英镑，而 2017 年这一数字达到 675 亿英镑。1999 年，中国是英国位列第 26 的出口市场，现在是第六，并且可能在 2025 年升至第四。英国是中国留学生最重要的目的地之一，每年有近 10 万名中国学生来到英国，这是迄今为止最大的留学生群体。相比之下，美国每年有 1.8 万名留学生来英国，紧随其后的是每年 1.65 万名印度留学生。在前首相卡梅伦与现首相特雷莎 · 梅领导下，英国与中国建立了英中关系的“黄金时代”。这是一个激动人心的时刻，我们之间互惠互利。

环球时报：您觉得中国改革开放最重要的经验有哪些？

贝茨勋爵：通常人们将中国的发展称为“经济奇迹”，但我对此不确定，因为奇迹是无法解释的东西，而中国经济的增长是通过人民不可思议的努力实现的，这里面有对教育的热情、对企业的信任、对基础设施的巨大投资以及对国际贸易的开放。这些品质无论出现在地球的哪个地方，都能带来经济繁荣。

我想补充一点，那就是和平在中国故事中的重要性。有史以来，战争都是财富最大的破坏者，和平则是繁荣最大的驱动者。如果中国和英国希望经济蓬勃发展，那么就必须建立和平关系，而贸易可以帮助建立这种关系。

环球时报： 忙于“脱欧”，与美国的“特殊关系”不如以往……英国是否应该更多地了解中国，与中国扩大合作？

贝茨勋爵： 我认为围绕“一带一路”倡议，英中之间可以开展一些激动人心的新合作。英国是最早加入亚洲基础设施投资银行的国家之一，伦敦也被选为首批获准交易人民币债券的金融中心之一。未来，英中之间还有更多共同关切的领域可以开展合作，尤其是金融服务、技术和生物科学方面。

（摘编自《环球时报》2018 年 9 月 27 日，原标题为《英国国会上议院议员、国务大臣麦克·贝茨勋爵：我想了解中国如何让那么多人脱贫》，作者为环球时报记者赵觉理）

第三篇　大国外交：中国影响力为什么越来越大

▶ 当前中国处于近代以来最好的发展时期，世界处于百年未有之大变局，两者同步交织、相互激荡。中国奉行独立自主的和平外交政策，秉持共商共建共享的全球治理观。进入新时代以来，中国的国际影响力全面提升，在引领国际规范创新和塑造国际规则权力方面影响越来越大，在全球政治、经济、安全等多方面推出了一系列具有广泛和深远影响的中国倡议、中国方案。2017 年，“一带一路”“构建人类命运共同体”等中国主张首次被载入联合国决议。中国外交越来越走向一种有道义的特色大国外交。

［韩国］潘基文：
没有中国全球领导力，什么都做不了

“没有中国的全球领导力，什么都做不了”“习近平主席是实干家，展现出面向未来和为他人着想的领导力”“中国传统的价值观和哲学精神让我逐渐成长为一名全球公民”……这是联合国前秘书长潘基文2018年岁末在韩国延世大学接受环球时报记者专访时的感慨。2017年1月3日，在联合国“荣誉退休”的潘基文回到韩国，并于2018年4月当选博鳌亚洲论坛理事长。这一新的身份，让昔日的“世界大管家”潘基文又成为“亚洲代言人”，也让他同中国的联系更为紧密。采访中，潘基文高度评价中国改革开放40年来对世界的贡献，并对中国对他的长期支持表示感谢。

● 世界与中国的改革开放“共存共荣”

环球时报： 请用一个词或一句话概括您对中国改革开放40年的感受？

潘基文： 过去 40 年中国推行改革开放政策，不仅给中国人民带来繁荣与发展，更对世界历史具有重要意义。如果用一个词来概括我对中国改革开放的认知，我会选择“共存共荣”。联合国的基本发展目标，是不能让世界上任何人落后。在中国，1978 年邓小平提出的改革开放方针，与这一基本目标相吻合，而中国政府一如既往地加入国际社会规则、秩序、制度的制定中并发挥重要作用，成功推进中国与全世界的共同发展。

用语言描述 1978 年以来中国的变化和发展绝非易事。从统计数字来看，1978 年中国国内生产总值增长为世界经济的贡献率仅为 2% 左右，如今中国对世界经济增长的贡献率超过 30%。这是非凡的！中国在过去 40 年间迈出惊人的强劲步伐。中国人民和中国政府值得夸赞。自 1978 年以来，中国成功让八亿人摆脱贫困。联合国于 2000 年制定的千年发展目标第一条，即力争在 2015 年前实现极端贫穷人口比例较 1990 年水平减半。中国的脱贫成绩为联合国提前五年达成目标发挥了助力作用。

此外，随着中国在国际社会扩大其在政治和安全领域中的作用，中国已成为联合国会费第二大贡献国，中国的维和部队、维和人员遍布世界各地。在任职联合国秘书长期间，我一直在肯定和鼓励中国工作人员以及中国维和人员的贡献。

环球时报： 对比第一次来华时的感受，您认为中国出现了哪些可喜的变化？

潘基文： 2000 年 6 月，作为韩国外交通商部次官，我首次访问中国。

新千年伊始的中国不论在国内还是国际层面均与现在有一定的差距。比如在北京，煤烟、工厂带来的空气污染问题相对严重。在我担任联合国秘书长期间，在气候变化问题上，中国政府以积极姿态应对，令人赞叹。2015 年应对全球气候变化的《巴黎协定》达成，我感谢中国政府所做出的努力和承诺。我肯定中国的努力，但对某些国家的退出感到担忧。总的来看，像中国和美国这样的大国应履行全球领导力。可以说，没有中国的全球领导力，什么都做不了。

环球时报：在您看来，未来中国在国际舞台的外交形象会怎样？

潘基文：第二次世界大战之后冷战体系形成，中国曾与苏联同属社会主义阵营，对外交流相对闭塞。1972 年，中美两国政府发表《上海公报》、美国尼克松总统访华，开启了中国与西方国家全面交往的大门。目前，中国已成为世界第二大经济体，随着国家实力的增强和国际地位的提高，中国的外交自信不断增强，如今还迎来进一步深化改革开放的阶段。中国担负的国际社会责任涉及政治、道德等层面，我认为中国领导人正是有这样的意识，所以中国政府为发展中国家提供了非常多的支持。

2015 年 9 月，中国国家主席习近平在联合国总部发表讲话称，中国将与世界共同构建人类命运共同体，这让人印象深刻。讲话包含了中国领导人面向未来的执政哲学，体现了中国领导人面向未来的领导力。

环球时报：对中国进一步推进改革开放，您有什么建议？

潘基文：改革开放没有尽头，中国应不断跟上并引领世界发展的脚步与趋势。21世纪初的国际准则与20世纪的显然不同，特别是机器与科学的快速发展，未来科学发展的附属品与人类应维系怎样的关系，都是我们应思考的课题。如今，中国5G等技术先进，华为等企业也在引领世界。中国的改革开放应进一步推进，并在这一过程中实践与新技术的结合。在这一方面，中国应有责任意识。

● "中国的铜奔马给了我信心"

环球时报：回顾您的外交生涯，和中国都有哪些特殊的故事？

潘基文：20世纪70年代起，我进入韩国外交部工作。1978年10月被任命为联合国代表部一等秘书，那时韩国并非是联合国成员，韩中也没有双边外交关系。韩国于1991年加入联合国，这背后少不了中国在安全关切上的支持。1992年中韩两国正式建交，此后26年，两国在政治、经济、社会、教育等各领域的交流与合作不断深化。

坦率地讲，韩中建交之时我并没有发挥什么作用，两国建交八年后才访华。最初与中国交流的经验并非那么丰富。但我自信地认为，我在担任韩国外交通商部次官、长官以及驻联合国大使期间，在深化两国双边关系和提升中国在联合国地位方面发挥了一定作用。这些年来，我非常感谢中国政府在各方面对我的支持。记得我作为联合国秘书长候选人时期曾对中国进行访问，当时中国的外交人士送给我一尊铜奔马，寓意深刻，也给了我信心。

随着我逐渐开启对中国各地的访问，我愈发感受到中国的魅力所在和惊人之处。特别是中国悠久的历史和灿烂的文化，以前只是课本上所学，因此当我来中国后总会有“第一次”的新感悟，如2015年我去了曲阜、泰山，参观了趵突泉。我本人就是在孔子、孟子等中国传统哲学家思想的熏陶下长大的。这些传统的价值观和哲学精神让我逐渐成长为一名全球公民，去思考人类的价值究竟是什么。我真心希望韩中两国之间这样的文化纽带能进一步拓宽，在政经领域的合作不断加强。

我十分热衷于向各国领导人、向我的学生分享中国的哲理、名言，这令人受益匪浅。任联合国秘书长期间，我经常提及《老子》中的“上善若水”四字。我以“上善若水”寄语联合国的工作人员。2014年，我写了一幅“上善若水”，送给时任美国总统奥巴马。

环球时报：您和中国领导人的接触也很多，能讲一讲感受吗？

潘基文：我记得与习近平主席相识于2005年7月。那时，时任浙江省委书记的习近平访问韩国，我作为时任韩国外长主持了欢迎晚宴。2009年，我已担任联合国秘书长。有一天，我看新闻得知，时任中国国家副主席的习近平正在韩国访问，他在记者会上特意提及了我们二人相识的故事，令我万分激动。在我看来，习近平主席是一位实干家，是一位经历过磨炼、勇于克服困难也善于战胜挑战的人。他从基层做起，真正了解老百姓的所思所想。他在与世界各国领导人交流时，时常展现出面向未来和为他人着想的领导力。习近平主席好像知道我特别喜欢中国书法，虽然我从来没有当面向他提及过。习近平主席好像察觉到了，并送给我一套笔砚。这实在是太珍贵了，我一直珍藏，没舍得用。

● 博鳌亚洲论坛将超越亚洲

环球时报： 作为博鳌亚洲论坛理事长，您如何定位和展望这一重要交流平台的未来发展？

潘基文： 2018 年 4 月，我当选博鳌亚洲论坛理事长。对于中国国家主席习近平给予的信任，我感到非常光荣。博鳌亚洲论坛诞生 18 年来，为亚洲地区经济合作、文化交流作出贡献。在这个快速变化发展、紧密联系的世界，博鳌亚洲论坛未来不光为了亚洲，还将超越亚洲，进一步加强亚洲与世界其他地区的对话和经济联系，谋求全世界人民的繁荣与和平。

博鳌亚洲论坛首尔会议于 2018 年 11 月 19 日至 20 日在韩国举行，这是迄今为止该论坛在中国境外举办的规模最大的国际会议。除了亚洲国家，还有来自俄罗斯、意大利等国代表，800 多人就经济、文化、政治、朝鲜半岛问题等展开讨论。我认为，未来博鳌亚洲论坛进一步发展的空间还有很大。

随着科学技术的转型发展，世界正更紧密地联系在一起，会议主题聚焦“开放创新的亚洲”如何顺应这一发展潮流。中国领导人有关“打造人类命运共同体”“在经济全球化的今天，没有与世隔绝的孤岛”的阐述让我印象深刻。中国领导人还向世界释放出中国会进一步推进改革开放，特别是加强国际合作的信号，得到广泛接受和支持。我希望这将成为一种趋势，博鳌亚洲论坛和共建“一带一路”也将沿着这样的脉络走下去。

环球时报：您曾说自己是生于战争的孩子，您如何看朝鲜半岛局势的变化？

潘基文：朝鲜战争爆发那年，我只有六岁，战争的硝烟清晰地浮现在我的脑海里。当数十年后担任联合国秘书长，这对我个人而言是无上光荣，也有着特殊的和平使命感。在朝鲜半岛问题上，联合国应该进一步发挥其作用，更重要的是，中、美等国是可以在半岛和平与安保问题上发挥重要作用的国家，为朝鲜半岛真正的和平与稳定发挥积极作用。在解决朝鲜半岛问题方面，中国扮演的角色至关重要。特别是考虑到中国与朝鲜在地理、历史、政治上的渊源，期待中国进一步发挥相应作用。

朝鲜半岛是南北分裂的半岛。战争将南北分开，这片土地上关于安保问题、和平问题的探讨从未停止。在朝鲜半岛局势变化的过程中，我对于目前(各方)所做的事感到兴奋和期待，这是好的。虽然内心有满腔热血，但头脑还需冷静。朝鲜半岛问题的解决并非一朝一夕之功，严重的问题慎重处理，轻松的问题简单处理，要一件一件、一步一步按照顺序从容不迫处理，这需要半岛问题相关各方的冷静和智慧。

希望中美用智慧化解纠纷

“像傻瓜一般学习，如天才一般憧憬。”这是联合国前秘书长潘基文的一句名言。环球时报记者三年前访问潘基文的老家——韩国忠清北道阴城郡一个小村落，在一幅壁画上看到这句话。勤奋与拥有远大抱负的潘基文是出生在朝鲜半岛的“战争的孩子”，也是从联合国总部走出的和平的维护者。卸任联合国秘书长后，潘基文成为韩国延世大学全球社会贡献学院的名誉院长，并于2018年4月当选博鳌亚洲论坛理事长。

博鳌亚洲论坛首尔会议2018年11月在韩国举行时，潘基文曾接受中国记者的采访。年底他又与环球时报记者相约延世大学的会客室，谈中国的发展成就和与中国的不解之缘。两次采访，年近75岁的潘基文总是面带笑容，他说的一段话让记者印象深刻：“在好的环境下成长和在逆境中迎难而上的领导人往往拥有不同的执政哲学。在我儿时，朝鲜战争爆发，我在动乱与贫穷中长大。现在很多韩国年轻人可能根本想象不到当年的穷苦，就像在很多中国年轻人的印象中，可能会认为中国一直以来就如今天一般发展得这么好。”

潘基文关注最多的还是中国的外交。他毫不掩饰自己对中国和美国的喜欢，说他就任联合国秘书长期间受到巨大支持，希望中美两国友好相处，引领世界发展。谈到中美贸易纠纷时，潘基文表示：“中国与美国关系敏感，既然纷争已经发生，希望中美两国能运用智慧和平解决所有问题。”他还多次表示，作为联合国前任秘书长，非常感谢中国对联合国事务的持续参与以及对发展中国家的支持。他认为，中国通过共建“一带一路”倡议等诸多机制，还可以在全球做得更多。

潘基文期待韩中关系能进一步加强，并表示，“中国是韩国第一大贸易伙伴国，没有中国的参与和合作，韩国人很难去处理所有困难的局面”。潘基文还告诉记者：“作为一名韩国公民和联合国前任秘书长，我期待着更多中国人走进韩国，更多韩国人走进中国，深化经贸合作，加深彼此交流。”

（摘编自《环球时报》2019 年 1 月 7 日，原标题为《博鳌亚洲论坛理事长、联合国前秘书长潘基文接受〈环球时报〉专访：没有中国全球领导力，什么都做不了》，作者为环球时报驻韩国记者陈尚文）

多国前政要谈全球治理“中国范儿”

2017年，“一带一路”倡议、构建人类命运共同体等中国主张首次载入联合国决议。若要问这一年全球治理领域最大的变化是什么，更具“中国范儿”或许是答案之一。

2017年11月28日，在由中国人民对外友好协会和澳大利亚中国友好交流协会共同主办的“从都国际论坛”上，不仅是中共中央政治局委员、广东省委书记李希，包括联合国前秘书长潘基文在内的十多位各国前政要论及全球治理，也总会不经意地多次提及并引用一些大家耳熟能详的中国主张。“中国快速崛起、世界快速变化”，拉脱维亚前总统瓦伊拉·维凯·弗赖贝加女士如此形容世界正在走进的新时代。

作为东道主，李希引述习近平总书记在党的十九大报告中的话说，世界正处于大发展大变革大调整时期，人类面临许多共同的挑战，中国秉持共商共建共享的全球治理观，不断贡献中国智慧和力量。李希表示，邀请世界各国的资深政要、专家学者、企业家和国际组织代表，围绕“全球治理与中国主张”展开深度讨论，必将有助于世界更好地深入理解全球治理的中国主张，深化中国对全球治理体系重大问题的认识。

气候变化是当今人类社会面临的一大共同挑战，该领域的“中国贡献”获得了与会前政要不约而同的点赞。圭亚那前总统拉莫塔在演讲中感慨道，气候变化是可能引发灾害性后果的全球性问题，与一些大国从国际合作中抽身相反，中国把可持续发展视为经济社会发展的支柱，为该领域的国际合作作出了巨大贡献，为他所在的地区提供了大量援助。笑称自己“无官一身轻”的潘基文拿美国和一些欧洲国家作对比，认为它们原本是以联合国为代表的战后国际体系的主要创立者，近年来却纷纷从全球治理领域退却，“美国优先”尤其是一种短视的政策和想法。智利前总统拉戈斯更直言不讳：“气候问题上，中国已经担起了责任，而美国没有。”

受到热议的话题当然少不了问世刚满四年的“一带一路”倡议。“我们需要越来越多像亚投行这样的合作范式，以构建新的范式”，一袭格子红裙的新西兰前总理珍妮·希普利女士以亚投行为例论证道，全球进入新时代意味着需要更符合全球各国人民根本利益的新全球治理架构。一直倡建“东亚共同体”的日本前首相鸠山由纪夫表示，“一带一路”通过加强对基建等领域的投资，能提升相关国家间互联互通水平，减少国际纷争，是一个很好的倡议。鸠山建言，日本今后应当成为“一带一路”的东端起点，以便更好地与包括中国在内的东亚及其他国家展开国际合作。

（摘编自《环球时报》2017年11月29日，原标题为《从都国际论坛，多国前政要谈全球治理“中国范儿”》，作者为环球时报记者谢戎彬、曲翔宇）

［美国］基辛格：

特朗普冲击下的世界秩序，对俄和对中关系要自问

2016年的美国总统大选是一场前所未有的混战，不仅给当事国美国，还给国际社会带来了巨大的冲击。冷战结束后，唯一的超级大国美国今后能否继续保持全球的主导地位？向多极化发展的世界是否会诞生新的秩序？日本经济新闻采访了美国外交界的权威、曾在尼克松和福特两届政府担任国务卿的亨利·基辛格博士。

▲美国前国务卿亨利·基辛格（中新社　刘关关／摄）

● 基辛格：不可能出现"孤立主义"

有声音认为，美国下一届总统、共和党的特朗普在竞选期间提出的主张，给全世界留下了美国正逐渐被"新的孤立主义"毒害的印象。基辛格表示，所有的国家都必须在了解本国的利益之上再论述外交政策。必须先掌握本国能安全而且合理地作出决策的范围有多大，然后才能开始（制定外交方案）。因此，美国不可能有"新孤立主义"的选项。这只不过是在不了解外交政策的人之间流传的一种幻想。

假如某个国家与我们缔结了同盟关系。这既不是因为我们接受了他们的请求，也不是因为他们接受了我们的请求，而只是双边利益的体现。

对于"通过此次的总统大选，很多国家都对美国的未来方向和意图感到不安"，基辛格回答称，（关于美国国内的政治）问题在于两派的过激人士得到了众多支持的选举制度。这是无论左派还是右派，都有很多人对现状不满的体现。这对秉持着（美国外交的）稳定性、智慧和灵活性来应对（世界难题的）能力而言，有着非常重要的意义。但并不意味着所有的政治家都可以把心中的幻想全部付诸现实。

那么，21 世纪美国能否继续基于"自由的国际主义"引领世界？

基辛格表示有着这种（自由国际主义的）传统并且已经确立了的国家今后也应该继续追求这一点。因为这也非常符合他们，他们自身的行动模式也通过国际主义形成。虽然不应该通过武力方式将这种想法强加于其他国家，但这是美国的志向，对这种价值观（民主主义、言论自由、尊重人权）感到愉快。

不过，发动军事行动时，应该考虑战略的必然性，不能只是为了体现国内产生的（对国际主义的信奉等）感情。

在备受关注的中美关系问题上，美国要如何管理与中国的关系？基辛格称，人们必须思考近代主要国家之间的战争能带来什么。如今，技术的力量无比巨大，不可估量。因此，大国之间的一次战争就会酿成大灾难。这个事实是（21 世纪的）新要素。因为以前战争一直被视为（国际社会难题的）解决对策之一。也就是说从否定“美中战争”的可能性开始管理。他表示，美中两国的领导者应该都充分认识到一个现实，就是无论相互之间存在什么问题，两国之间都不应该发生战争，不仅是为了两国人民，也是为了全人类。但美中两国的文化存在巨大差异，因此如何实现这一点可以说是最难的课题。这中间既存在竞争的要素，也存在共存这一重要的要素。必须把这两种要素都牢记在心。

基辛格说道，美中两国的领导者在“战争不是解决问题的办法”这一点上必须达成共识。如果做不到这一点，结果会非常糟糕。

● 对中和对俄关系要自问

对于除了美国和中国外，美国与俄罗斯等大国的关系今后会如何发展，基辛格认为，全球目前正处于巨大的变革期，第二次世界大战后出现的世界正要结束，很多国家的关系需要重新进行定义。一定程度上受国内局势的影响，一定程度上也取决于相互之间如何看待对方。美国应该在某个时间（与各个国家）讨论这一点。

第二次世界大战结束时，美国处于一种特殊的位置。这种状态虽然没有永远持续下去，但在一段时间里，美国的国内生产总值占全球的一半以上，国际社会在很大程度上依赖于美国的决策。无论遇到什么问题，美国都利用手中的资产解决了。

但现在有几个问题没能作出妥善处理。而且，连在资产方面拥有独一无二优势的安全网都倒退了。尽管我们仍然拥有世界最强大的经济实力。

基辛格还表示，美国对于世界仍然拥有巨大的影响力。必须了解其他地区的国家，对于他们的决策也必须尊重。换句话说，美国不能决定他们的意思。对美国来说，这可以说是新的经验。

美国的新政权今后究竟应该致力于什么样的国际战略？基辛格一直强调合众国应该学习“大战略”的活用法。他还谈道，截至目前，美国把精力都用在了解决单独的案件上。也就是说，没有意识到多国相互结合这种长期战略的必要性。对美国来说，这仍然是还没有答案的课题。

美国的新政权首先必须要做的是（关于今后的美俄和美中关系）进行自问。问自己的问题是“他们想达成什么目的”“他们想妨碍什么”，以及“对象是谁”？还有就是“为了达到目的，谁让我们感到担心”。

在基辛格最近的著作中，作为新的世界秩序形成之际的想法，提倡缔结17世纪欧洲《威斯特伐利亚和平条约》的21世纪版本。基辛格回应，（为了终结30年的战争，德国与法国和瑞典之间签订的）《威斯特伐利亚和平条约》在400年前具有非常重要的意义。由于长期持续的宗教战争导致众多人员伤亡，当时的领导人决定将宗教问题与政治问题剥离开来。

结果，通过手续构筑了各国能够参加的国际系统。一个国家的意见不一定要所有国家同意。当然出现什么行动的话，将依照国际法处理。我认为这些原则对于任何国际系统都有益。

基辛格认为，对于中国和俄罗斯的存在感出现增强的21世纪的国际系统来说也一样。关于什么将成为规则必须获得各国同意，这里的规则或许是指“单纯的边境”可以变化的想法。另外，规则的修改必须通过各国间的谈判来达成。

《日本经济新闻》认为，从战后欧洲的复兴来看，经常成为问题的是“难道不是所有的国境都是神圣不可侵犯的吗”。之后，《赫尔辛基宣言》指出规则可以通过达成的共识来改变，这是重要一步。因此，众多规则统治着各国间的关系这一概念至今仍十分重要。

（摘编自环球网2016年11月16日，原标题为《基辛格谈特朗普冲击下的世界秩序：对中和对俄关系要自问》，作者为环球网记者初晓慧）

［俄罗斯］杰尼索夫：
摸着石头过河的中国，已在桥上

▲俄罗斯驻华大使安德烈·杰尼索夫
（中新社　杨在扬／摄）

“前途是光明的，道路是曲折的！”俄罗斯驻华大使杰尼索夫2018年6月底在接受环球时报记者专访时，“成功预测”俄罗斯队会艰难战胜西班牙队晋级世界杯八强。从“摸着石头过河”到“百花齐放，百家争鸣”，再到“一分为二地看中国网民言论”，杰尼索夫多次熟练地用中文表达着自己的看法。作为学习中文近50年、见证中国40年来改革开放，特别是最近五年来几乎全部参与中俄两国元首“平均每年至少五次的会晤和见面”的俄罗斯驻华大使，杰尼索夫多次强调俄中关系处于“最正确的时期”。采访中，他请中国人放心地加入俄罗斯远东开发。即使对俄美关系等棘手问题，他也强调说，“外交官必须是乐观主义者，必须找到最优的解决方案”。

● 见证两国元首无话不谈感慨改革开放实事求是

环球时报： 普京总统前不久访华时，习近平主席指出，“普京总统是我最好的知心朋友”。两国领导人的友谊对中俄长期合作、战略布局有哪些助力？

杰尼索夫： 普京总统2018年6月对中国的国事访问非常成功。此次访华，普京总统获得一个惊喜——在盛大的仪式中，他被授予中华人民共和国第一枚“友谊勋章”，可以说他是中国最好的朋友。同样，习主席是俄罗斯最好的朋友。2017年习主席访俄时，被授予俄罗斯国家最高勋章“圣安德烈”勋章。

这次习主席为普京总统介绍传统的天津美食，正如我们在电视里看到的，普京总统此次包“狗不理”包子时不是特别成功，我觉得他可能还要多加练习，因为这样的机会我觉得还会有——俄中两国元首会晤和见面的频率非常高——平均每年至少五次。我几乎是所有这些会见的见证者。两位元首无话不谈，他们在坦诚的氛围下介绍各自国家的发展情况和模式，互相借鉴经验，也会讨论各种国际问题。我们需要制定互惠互利的合作机制，两国元首无疑是这些机制的决策者，他们释放出明确信号，相关人员去认真落实。

环球时报：您担任驻华大使五年，如何评价这几年中国的变化？2018年是中国改革开放40周年，您又如何评价中国这40年所取得的成就？

杰尼索夫：我担任驻华大使是在中共十八大之后，这几年我看到中国经济改革开辟了新篇章。可以说，我是中国40年改革开放的见证者。我走访过阔别二三十年的地方，亲眼看到中国的巨大变化。我第一次来中国是45年前，正值“文化大革命”时期，那时中国采购了一些国外设备进行工业改造。我第二次来中国是1978年，当时刚开展“实践是检验真理的唯一标准”大讨论。随后召开的十一届三中全会，确定了发展的大方向，“因地制宜”“实事求是”，改革开放就这样展开了。农村包产到户、开放经济特区等内容，我每天都在媒体上看到。当我第三次来到中国时，已是20世纪90年代初，改革开放几乎涉及所有领域。中国改革开放40年的成就，其他国家可能需要100年才能达到。现代历史中也找不到第二个持续如此长时间的成功改革例证。普京总统曾表示，“俄罗斯的‘经济之帆’需要乘上‘中国风’”。

我认为，中国改革开放成功归功于三个因素：第一是中国人的勤劳；第二是正确和符合国情的经济政策；第三是坚定果断的政治领导。从邓小平开始，中国政府的经济政策是连贯一致的。目前中国特色社会主义建设已进入新时代，这个阶段中有些任务比以前容易完成，但有些更艰难。中国以前提出要“摸着石头过河”，我认为现在不需要了，因为你们已经站在桥上过河了。不过，就像中共十九大报告中提出，

“前景十分光明，挑战也十分严峻”，各种挑战层出不穷。因此，在我看来，中国更加需要坚强的政治领导。我完全相信，中国领导人将坚定不移地推进改革开放，中国的经济也将继续发展。

感谢中国球迷支持俄罗斯　看待网民言论会一分为二

环球时报：俄罗斯世界杯鏖战正酣，您会作哪些预测？

杰尼索夫：中国有句俗话：“前途是光明的，道路是曲折的。”这句话也可以用来形容我们的球队。俄罗斯队有希望走得更远，但这需要经过艰苦的努力和曲折的道路。我很高兴有大批中国球迷前往莫斯科和俄罗斯其他城市观看世界杯，他们中有很多人也在为俄罗斯队加油，对我们来说这是莫大的支持。

环球时报：中国将举办 2022 年冬奥会，俄罗斯和中国会有哪些合作？

杰尼索夫：2014 年俄罗斯成功举办索契冬奥会。俄罗斯积极支持中国举办 2022 年冬奥会，并愿意和中国分享经验。现在有中国代表团去俄罗斯考察冬奥会基础设施。在花样滑冰和短道速滑等项目上，中国运动员已取得不俗成绩。俄中在冰球等项目上也有合作。此次普京总统访华，就与习主席一起观看了两国青少年队的冰球赛。

环球时报：您从 1969 年就开始学中文。您和中国文化结缘半个世纪，最大的感受是什么？

杰尼索夫：我学中文这么多年的感受就是“百花齐放，百家争鸣”。我最开始埋怨中文很难，但逐渐认识到学中文是我作出的很正确的一个决定。我也高兴看到越来越多俄罗斯人开始学中文。中文是全人类的宝贵财富，学起来就像数学和国际象棋，有助于开发智力。更何况中文还有书法这样的艺术形式，就像画一样，给人带来美感。

环球时报： 这五年，两国网民的负面情绪是否明显减少？

杰尼索夫： 我们作为外交机构很关注俄罗斯在中国民众中的形象，并会一分为二地看。实际上，中国网民对于俄罗斯存在的一些客观问题评价是中肯的，我们要以平常心对待。两国合作范围相当广泛，不可避免会碰到一些问题。让我们感到十分欣慰的是，很多对俄罗斯不友善的言论通常会受到更多其他中国网民的反驳。实际上在俄罗斯的情况也完全一样，网络上有批评中国的言论，但总体上是正面的，并在不断改善。中国变成俄罗斯人的热门话题，网民在谈论喝中国茶、看中医、练武术、吃中餐。现在俄罗斯的中餐馆越来越多，以至于我回莫斯科时要问中国朋友哪家中餐馆最好。他们回复两条标准：有中国厨师掌勺和中国顾客光顾才是正宗的中餐厅。

● 中俄经贸要数量更要质量 远东开发不怕中国人过多

环球时报： 中俄贸易额什么时候能突破 1000 亿美元？

杰尼索夫： 我认为，2018 年俄中贸易额实现 1000 亿美元目标没有问题。但两国贸易最重要的不是数字，而是其长期效应：如目前俄罗斯“欧亚经济联盟”和中国“一带一路”倡议对接。这种对接是两国关系均衡、互利、包容发展的唯一途径。中国在“一带一路”框架下与沿线各国合作，不仅合作领域得到扩展，成果也更多。我将其称之为“一体化的一体化”。

可以说，俄中贸易内容是既有数量、又有质量。质量的提高不是一蹴而就的，而是逐渐形成的。俄中合作的首要领域是能源领域，以至于在某种程度上形成互利的能源联盟。此外，还有航空业的合作，包括飞机、直升机制造等。两国领导人都强调，两国目前都花费巨资从国外购买民航客机，但完全可以自己制造。在航天领域，俄中的合作也是十分广泛的。

至于新兴领域，我非常欣慰地看到两国农业和食品工业的合作潜力。近两年俄罗斯的农业发展迅速，而中国是世界上农产品需求量最大的国家之一。俄罗斯的面粉、食用油等产品经常可以在中国超市内见到。由于普京总统访华期间亲自打广告，俄罗斯冰淇淋在中国也广为人知。两国正在讨论开通定期将俄罗斯农产品出口到中国的“粮食走廊”。当然，我更希望看到两国贸易产品中出现更多的高科技含量商品。我希望未来更多的中国电子产品出口到俄罗斯。我用的手机中，一部是在中国组装的苹果手机，另一部是华为手机。我送给莫斯科和圣彼得堡亲戚的手机都是华为的，还有华为的平板电脑。

环球时报：2018 年 9 月中旬，俄罗斯在符拉迪沃斯托克举办东方经济论坛。在开放远东的问题上，俄罗斯想在多大程度上同中国合作？

杰尼索夫： 俄方已邀请中国领导人出席2018年9月的东方经济论坛。此次论坛，双方将讨论实质问题和项目。近两年，俄罗斯政府为吸引远东经济合作制定了机制性的优惠政策和相关法律，现在的投资氛围是很好的。俄中就远东与中国东北地区合作设立了政府间委员会，因此远东的发展与中国东北三省的发展也是相辅相成的。俄罗斯即将在哈尔滨设立总领馆。我想对有意向赴俄罗斯远东投资的中国商人说：不要害怕，我们的政策和投资环境已转好，我们将进行互利双赢的合作。贸易是相对简单的经济行为，而投资则更具有稳定性和长期性，对经济发展的影响更加深刻。在基础设施建设方面我觉得我们的合作前景广阔，比如远东和东北地区的铁路、公路和港口建设等。在跨界大桥建设中的某些阶段，俄中双方建设进度的不一致确实对中方造成一些困扰。据我所知，在俄政府和远东及东北地区合作政府间委员会的督促下，情况有所好转，俄方建设进度明显加快，即将赶上中方。关于俄方担心远东的中国人过多，我认为这不是问题。重要的是为联合投资项目中的俄中员工提供便利条件。实际上，除中国工人，远东地区也有来自其他国家的工人在工作。

（摘编自《环球时报》2018年7月3日，原标题为《专访俄驻华大使杰尼索夫：摸着石头过河的中国，已在桥上》，收入本书时有删减，作者为环球时报记者谷棣、谢亚宏）

［缅甸］吴帝林翁：
“中国是缅甸的真朋友”

▲缅甸驻华大使吴帝林翁（《环球时报》/供图）

“我不怎么接受采访的，因为你是老朋友了，所以我还是决定接受采访。”正式采访开始前，缅甸驻华大使吴帝林翁通过翻译，对环球时报记者打趣道。两年前，昂山素季领导的民盟政府执政伊始，记者曾采访过他，如今再次会面，大使递来名片说：“什么都没有改变。”但对中缅两国关系而言，这两年的变化不可谓不明显，特别是2018年9月，双方签署中缅经济走廊谅解备忘录，11月，中缅签署皎漂深水港项目框架协议。在接受环球时报记者采访时，这位“老朋友”坦言缅甸在很多领域有迫切需求，他还称，在缅甸遭遇困难时，中国的表现才是真朋友。

● 谈经济走廊——“路通了，双方关系也就通了”

环球时报： 有关中缅经济走廊建设的详细计划还没有公布，能否透露一下，未来将主要围绕哪些领域展开？

吴帝林翁： 关于中缅经济走廊的事情，主要是两国经贸部门在合作做。在中缅经济走廊的谅解备忘录下，成立了专项工作组，涉及十几个重点合作领域，包括基础设施建设、产能与投资、农业、边境经济合作区、数字丝绸之路等。目前，双方正围绕十几个领域中优先操作哪一个展开协商。

中缅经济走廊将带来什么样的好处，我们是能够预想到的。例如，缅甸的交通会变得更好，地区之间的贫富差距将会缩小，缅甸和邻国之间的交往合作也将有新的机会。路通了，双方关系也就通了，缅甸的产品可以向外出口，外国的优质商品也能进入缅甸。

环球时报： 中缅经济走廊将为缅甸的经济发展带来哪些具体机遇？中方投资是否将迎来新的契机？

吴帝林翁： 2017 年的“一带一路”国际合作高峰论坛后，双方在中缅经济走廊上都有合作意向，这是非常珍贵的。缅甸重视同中国的合作，并成立了实施“一带一路”指导委员会，由国务资政亲自担任主席。

关于中缅经济走廊未来将为缅甸发展带来哪些机遇的问题，从我们长远的需求来讲，最主要的是教育，在教育和科技方面我们希望尽快和当代水平接轨。这是我们国家非常迫切的需要。

我们需要加强职业技能教育。相比于对学士、研究生的需求，缅甸对经过学习后能直接参加工作的人员的需求更迫切。对我们国家来讲，与建立学校、医院相比，我们对能够在里面学习、工作的老师、医生和护士等人才需求更迫切。为达到世界先进水平，我们对科研工作以及实验室也存在迫切需求，而这只有在中缅经济走廊的框架下，通过知识产权的转让才能进一步实现。

在北京，大概有百分之八九十的行业都是服务业相关的行业，但是在缅甸，农业相关产业占到70%。缅甸的农产品质量很好，但非常需要大市场，还缺乏漂亮的包装和长期保存的技术。相信在中缅经济走廊框架下，相关问题都会得到解决。

由于技术方面的原因，缅甸能实现大规模生产的厂家还非常少，目前主要都是一些中小型企业。我们非常希望、也非常需要外国投资，非常需要技术，需要熟练的工人，需要技能培训。相信在这些方面我们将会获得很大帮助。

环球时报： 由中国中信集团牵头的企业联合体前不久与缅方签署皎漂深水港项目框架协议，皎漂港在缅甸的发展规划中有着怎样的地位和意义？

吴帝林翁： 目前，中缅之间的合作项目中，有从皎漂到中国瑞丽的石油和天然气管道，该项目对两国都非常有好处。经贸方面，只要认真、负责地操作，就不会有无益的项目。

深水港适合大吨位的轮船停靠。缅甸非常重视深水港项目，随着深水港项目的建设，肯定会有经济特区的建设，相关符合规定的工厂企业都可以随之进行建设。我们认为当地不会只有一个深水港项目，皎漂深水港所在地若开邦是缅甸第二大不发达地区，该地区的发展非常需要基础设施，包括公路铁路建设，也非常需要电力。相信伴随着深水港的建设，若开邦的道路建设需求会非常迫切，它和曼德勒、马圭、伊洛瓦底省的连接线建设也是迫在眉睫的。

港口建成了，需要有盈利，伴随着这些，会有进一步的扩大规模建设，很多基础设施会跟着完善起来。可以预见，这些地区必定会有大的发展。虽然现在一些谈判和协商需要时间，但只要达成协议，它的发展将不可阻挡。

● 谈项目实施——“要保证两国长期的利益”

环球时报： 关于中缅经济走廊，当务之急是什么？

吴帝林翁： 正如我刚才所说，在十几个领域当中，哪个要优先发展，缅甸政府还在作选择。目前已经有合作规划的项目会优先安排。在这里有必要介绍一下《缅甸可持续发展规划 2018—

2030》，这是一个长期规划，和联合国《2030年可持续发展议程》是一致的。

根据《缅甸可持续发展规划2018—2030》，缅甸在各个领域都有目标，它们和经济发展挂钩，包括：和平，民族和解，安全与善治，经济稳定及加强宏观经济管理，创造就业及私营经济主导的增长，面向21世纪的人力资源与社会发展，自然资源及为子孙后代创造的环境。对缅甸来讲，当务之急就是按照与规划相符的标准来进行发展。我相信中国也有这样的国家发展规划。中缅之间有很多经济合作形式，双方会根据各自国情来协商。

今后，缅甸要走什么样的发展道路？对政府来讲，在发展经济方面需要全民参与，也希望相关工作透明公正。我们非常重视地方民众的意愿，注意保护环境，不能损害社会环境。国务资政有过指示，在实施中缅经济走廊项目时，要保证两国长期的利益。

环球时报：位于缅北的少数民族武装、若开邦境内的极端组织是否会对走廊建设及未来的运营带来威胁？这些挑战如何克服？

吴帝林翁：未来这些威胁将不会存在。在安全方面，不管是极端组织还是少数民族武装，任何一个国家都无法百分之百地确保没有。缅甸政府致力于保护国土完整、国家安定及人民的利益，同时保护国内外的投资。对这些非常重要的项目及其所在地，我们一直在努力确保减少甚至不出现安全风险。我国现在的主要任务就是实现国家法治化，实现和平及人民团结，在这个基础上，这些项目会获得更大发展。和平、稳定与发展是完全不能分开的，中缅签署经济走廊谅解备忘录后，我们会尽最大努力保障其安全，我相信我们有能力做到。

● 谈若开邦形势——“我们仍在承受压力”

环球时报： 缅甸西部若开邦的罗兴亚人聚居区曾爆发暴乱事件，缅甸也因此与西方国家产生较大分歧。现在若开邦的局势如何？

吴帝林翁： 若开邦的形势非常复杂，造成当前问题的原因也很复杂。暴乱发生在若开邦最北部的布迪当，那是一个特别小的地方。到目前为止，在布迪当仍有很多穆斯林在过正常、和平的生活。事实上，从仰光到全国很多地方，都有穆斯林居住，他们过着很和平、正常的生活。

围绕逃亡人员，到目前为止，我们仍承受着联合国和一些国家的压力。虽然承受着这么多的压力，但缅甸全国人民、地区内其他国家、我们的邻国包括中国，都和我们一起面对这些压力。甚至一些其他地区的国家，比如非洲国家、日本、印度、俄罗斯也对缅甸持支持态度。

缅甸政府有欢迎、接纳逃亡人员回归的意愿和能力，他们的国籍问题也在有计划地推进解决之中。关于重新接纳逃亡人员问题，在缅甸和孟加拉国的协商过程中，联合国在做工作，中国也在做工作。

通过这件事，我们更深刻体会到中国在缅甸遇到困难时给予的理解、同情和帮助。对于缅甸国内的事务，中方总是以非常正确的立场，给予理解，在全世界替缅甸发声，我们对此表示尊重。我们还得到中国对若开邦发展提供的物资、资金、机械设备方面的帮助。我希望在未来，中国能够继续站在缅甸一边，给予缅甸支持。

环球时报：缅甸将于 2020 年迎来大选，对于缅甸政局的未来走向，您怎么看？中缅两国现阶段合作取得的一系列成果是否会受到影响？

吴帝林翁：上一届的选举是自由、合法的选举，近两年也有一些补选，缅甸人民通过这些选举，积累了选举经验。我相信，根据我们的经验，2020 年的选举会非常成功。

缅甸有一个说法“共饮一江水”，缅中关系已经上升到全面战略合作伙伴关系。中国是缅甸的真朋友，在重要时刻和关头给予了缅甸极大支持。世界这么大，国与国之间肯定会出现一些小问题，邻国之间也一样，我们一直是本着解决问题的态度来协商的。

相比其他国家，中国对邻国更重视，缅甸一贯坚持一个中国原则，我们之间可以说是国与国关系的典范。我相信，缅中友谊不会随时间的变化而生变，而是会一直亲密友好下去。

（摘编自《环球时报》2019 年 1 月 2 日，原标题为《缅甸驻华大使吴帝林翁接受〈环球时报〉独家专访：“中国是缅甸的真朋友”》，作者为环球时报记者李司坤）

美国媒体：
美智库报告误读了中国

美国外交关系协会近期发布了由资深外交官罗伯特·布莱克威尔负责的特别报告，题为“特朗普的外交政策比看起来好”。报告对特朗普大加称赞，因为他确认中国在经济、军事和文化上对美国是威胁，还批评认为与中国战略合作有必要的前几任总统。按照该报告的意思，奥巴马和布什政府未能对中国采取强硬路线背叛了美国国家利益。

事实上，作为中国主要战略的中国梦，是让国家继续现代化，发展科学技术，成为一个更繁荣的国家，让国民过上更好的生活。中国想要在国际事务中发挥更大的影响力，这并不奇怪，毕竟虽然中国拥有全球1/5的人口，但基于欧洲中心主义的“国际社会”对中国政府的声音长期置若罔闻。

只需看看中国用以推进其构想的方法就知道了。2019年5月在北京举行的“亚洲文明对话大会”主张建设性地发现世界各文化的精髓，其出发点是认为所有的文明本质上是平等的。当然，关键不是中国说了什么，而是其做了什么。与美国不同的是，自从 1979 年与越南发生短暂边界冲突后，中国从未入侵或攻击过其他国家。

布莱克威尔的报告还攻击“一带一路”倡议是“胁迫中国邻国和其他国家的地缘经济工具”。但 2019 年 4 月参加在北京举行的第二届“一带一路”国际合作高峰论坛的 37 位国家元首可不这样看。值得注意的是，中国与其他国家（尤其是小国）签订了公平的协议，招来了竞争对手的嫉妒。在所有“一带一路”倡议下的互动中，对国际法和联合国原则的坚定承诺鲜明可见——相比之下，美国动辄退出条约，对国际法公开蔑视。

布莱克威尔声称，中国违反国际商业惯例，但又难以找到中国破坏公认惯例的例子。至于有关“剽窃”知识产权的指责，已有众多文章驳斥这种似是而非的指控。这个词的适用范围是如此之广，以至于中美科学家之间的任何合作，都可以被认为是对知识产权的剽窃而非互利互惠的研究。更有甚者，越来越多的中国留学生也被毫无根据地当作间谍。

此外，指责中国操纵汇率来谋取贸易好处也属荒诞不经，以至于连特朗普政府都不再提了。

有关中国正以军事化手段试图把美国逐出亚洲的说法耐人寻味。几十年来，美国一直在中国周边进行大规模军事集结。鉴于 19 世纪欧洲人在中国划分势力范围以及日本 20 世纪 30 年代开始入侵中国的历史，中国人有充分的理由对在其周边的任何军事部署感到紧张。

想象一下，如果是中国在加州沿海集结海军军力演习，在关塔那摩湾周边举行“航行自由”行动，或者怂恿夏威夷独立，华盛顿会如何地大声抗议？从中方的视角看，这些正是美国的做法。

报告还说，中国在南海的岛礁建设“违反国际法”。这种可笑的说法竟出自一个几乎天天公然违反国际法，甚至不承认《联合国海洋法公约》（只在批评中国时频频援引）的国家。实际上，改善南海形势的最好途径是美国、日本和其他域外国家把海军撤出该海域。

美国需要的智库应该能够客观分析国家利益，而不应全然不顾从气候变化、国际法到联合研究和文化交流的压倒性需要而去鼓吹与中国对抗。美国应向中国学习，中国也必须向美国学习。攻击一个妖魔化想象的中国形象，只会损害这种迫切需要的合作。

（摘编自《环球时报》2019 年 6 月 6 日，本文为美国外交政策聚焦网站 2019 年 6 月 4 日文章《美国又误读了中国》，作者为丹尼斯·埃特勒，乔恒译）

俄罗斯媒体：
中国在阿拉伯世界的文明外交获得认可

中国正快速变成世界大国，有能力对其他国家施加有分量的影响。随着欧美的领导力越来越边缘化，中国也越来越靠近地缘政治的舞台中心。

中国不乏知音，其中一个原因就是那些南半球国家，他们与欧美相比对中国更有惺惺相惜之感。他们认同中国的反帝斗争史，也认同中国人的长相。对一个崛起中的大国来说，世界上大多数人口对它抱有这种感情是难能可贵的。

中国发挥全球作用的方式也与西方不同，因为它强调与非西方国家“求同”。中国用这种战略，将其影响力远远拓展到了直接掌控的地区之外。人们常以撒哈拉以南非洲为例，来说明中国的影响力是怎样取代欧洲前殖民大国的。就在最近，中国政府还强调了其在中东和北非，尤其是埃及的长远利益。中国国家主席习近平在为推动“一带一路”倡议而展开的区域性访问中也去了开罗。

中国复杂的区域战略有一个重要特征，即努力与合作伙伴建立平等关系。如中国通过强调共同历史来与埃及构筑平等关系，这种策略在两国都激起了共鸣。早在后殖民时代，中东和北非地区雨后春笋般冒出很多新国家时，中国就对阿拉伯世界产生了兴趣。但冷战、中苏交恶等阻碍了南半球国家间的合作，中埃联系也随之冷淡。但 2016 年习主席和埃及总统塞西高调会面，一切都发生了改变。塞西在向中国靠拢，中埃达成了一系列双边协议。其中最引人注目的就是中国投资 450 亿美元帮埃及在开罗附近再建一座新行政首都。在一个曾受美欧利益主宰的地区，中埃新关系是中国吸引新盟友的基石。正是在这一点上，中国这种植根于相互尊重和共同历史的文明外交思维，与西方的殖民、后殖民和新殖民思维形成鲜明对比。中国通过赞扬埃及文化、暗示两国同根同源，加强了与埃及的外交关系，创造了更多经济合作机会。而埃及作为通往阿拉伯世界的大门，将成为中国的重要战略盟友。通过加强与埃及关系，中国也扩大了对其他中东、北非国家的影响力。

（摘编自《环球时报》2016 年 12 月 6 日，本文为世界报业辛迪加网站 2016 年 12 月 5 日文章《中国的文明外交》，作者为博努西，徐珍珍译）

英国媒体：
中国经济外交影响力在与日俱增

迄今，中国多数经济外交专注于双边合作。中国通过这种双边的经济外交赢得支持、回馈朋友及为本国企业拿到合约。据认为，目前有 60 多个国家将受益于“新丝绸之路”构想。

而在多边方面，中国最显著的倡议都是绕开而非通过现有的国际组织体系。中国自起炉灶，建立了两个多边贷款机构：金砖国家开发银行和亚洲基础设施投资银行。亚投行成员国刚刚扩至 70 个，包括了美、日以外的所有七国集团国家。

这样看来，中国或许对世界旧的多边体系不感兴趣。但中国与当前国际金融机构的关系实际上越来越热络，这一现象只不过被其各种双边举措和多边创举遮蔽而已。据多伦多大学的 G20 研究组织称，中国变得更加“配合”二十国集团的决策。中国的货币估值如今也更为公平，其经常账户盈余缩小了，从而消除了与国际货币基金组织的一大争执。2015 年，国际货币基金组织决定把人民币纳入其特别提款权货币篮子，成为其五种储备货币之一。此决定也有助于驳斥该基金会是美国遏制中国政策工具的质疑。从那之后，中国常常就如何管理人民币向更具弹性方向转变等议题同国际货币基金组织交换意见。

此外，中国在与这些机构的相处中也更加慷慨。中国现在已是世界银行的分支——国际开发协会的第十一大捐资国。中国国家开发银行也对世界银行在非洲的几个项目共同出资。2016 年秋天，国际货币基金组织寻求资金帮助埃及时致电中方，中国同意了一项金额 180 亿元的货币互换协议。通话仅 5 分钟，中方的慷慨令七国集团十分尴尬，后者也因此不得不额外增加一些资金来挽回颜面。

世界银行和国际货币基金组织堪称中国经济外交的工具，虽然这种工具并不完美——中国在国际货币基金组织内的投票权和股权只能在美国允许后才可增加。但是，中国为其中意的银行和基金项目增加融资，可在其认为适当的时候施加力量，从而间接地引导当前多边体系。长远而言，若中国变成世界头号经济体，也许会成为世界银行和国际货币基金组织的最大出资国。到那时候，根据所达成的协议条款，它们的总部将必须搬到中国。如此看来，世界银行更有理由帮助北京清洁空气了。

（摘编自《环球时报》2017 年 3 月 25 日，本文为英国《经济学人》杂志当日文章《中国在国际经济事务中影响力与日俱增》，乔恒译）

第四篇　联通世界：“一带一路”为什么将引领新型全球化

▶ 自 2013 年习近平主席提出“一带一路”倡议以来，该倡议已得到世界越来越多的国家和国际友好人士的理解认同与响应。共建“一带一路”是和平发展、经济合作倡议，不搞地缘政治联盟或军事同盟，不关起门来搞小圈子或“中国俱乐部”，不以意识形态划界，不搞零和游戏。它以共商共建共享为原则，以和平合作、开放包容、互学互鉴、互利共赢的丝绸之路精神为指引，以政策沟通、设施联通、贸易畅通、资金融通、民心相通为重点，已经从理念转化为行动，从愿景转化为现实，从倡议转化为全球广受欢迎的公共产品。2018 年 8 月，习近平主席提出“一带一路”建设要从谋篇布局的“大写意”转入精耕细作的“工笔画”，向高质量发展转变，造福沿线国家人民，推动构建人类命运共同体。

［英国］彼得·弗兰科潘：
中国重塑世界，西方时代终结

“丝绸之路正在复兴。”由英国布卢姆斯伯里出版社出版的牛津大学拜占庭研究中心主任彼得·弗兰科潘新著《丝绸之路：一部新的世界史》，引起西方的极大关注。在这位西方历史学家看来，在丝绸之路的历史中，可以找寻中国巨变的影子，可以知道沿线各国权力兴衰的规律。由古及今，弗兰科潘在书中畅谈中国提出的“一带一路”倡议，他 2016 年 6 月在牛津大学接受环球时报记者专访时表示，当出现结构性问题的西方裹足不前时，“一带一路”正在试图预测和定义未来的世界，这种未雨绸缪的做法是“最棒的应对，聪明的政治”。

● 不能只从西方视角看历史

环球时报：您在《丝绸之路：一部新的世界史》中写道：追踪文明的

丝绸之路：在西方强盛以前很久，亚洲的通路就把各国人民和各个地方连接在一起。您从什么时候开始研究“丝绸之路”的？

弗兰科潘： 我从孩童时代就对世界充满好奇，第一次了解丝绸之路时我只有七八岁。我在书中写到亚历山大大帝与中国的联系，以及中国和中亚、地中海区域的贸易往来，对这些历史，我很多年前就感兴趣。我并不是在某个特定时刻突然想开始研究丝绸之路，因为这已是我人生的一部分。我喜欢研究来自不同文化、讲不同语言的人如何了解彼此，如何贸易、借贷、竞争和相互学习。

英文书名中的“丝绸之路”是复数，因为丝绸之路不止一条，丝绸之路沿线城市也有很多。我到访过中国，中国在不断变化，而且这不只是过去30年里的事情。纵观历史，中国一直在经历重生和成长。

环球时报： 在讲述丝绸之路沿线国家的历史和现状时，您提到有“信仰之路”“变革之路”“和睦之路”，也谈到这里有“黄金之路”“帝国之路”，有“战争之路”“霸权之路”等。为什么您强调，西方不能再漠视“丝绸之路”历史地位，强调不能再忽略非西方地区对世界和人类的贡献？

弗兰科潘： 我们为什么要学习历史？马克·吐温说过：“历史不会重演，但总会惊人的相似。”你可以从历史中学习，了解权力更替，知道人们如何应对危机和挑战，为什么成功或失败。至于了解亚洲国家的历史，不得不提另一句名言：“历史是由胜利者书写的。”尽管中国、印度、伊朗和俄罗斯有过伟大的历史时期，但最近三四百年可以说我们一直处于“欧洲时代”。100多年前，从中国运出来的货物超过80%都装上了英国船只。我的书有一部分是解释欧洲最近三四百年为什么变得重要，而此前位于欧亚大陆边缘的欧洲还处在根本不重要的地位。1000年前，人们不会来牛津、剑桥学习，因为几乎所有的学习中心都在亚洲。即便是500年前，中国、印度、中亚、埃及等地有着更强大的学习中心。但世界是不断变化的，正因如此，解释清楚政治经济权力向亚洲转移并非全新或革命性的，而是回归到过去曾经的样子就很有必要。

借这本书我想说，亚洲的崛起并不是沉睡2000多年之后的觉醒，而是历史上亚洲一直就在塑造着一切，包括欧洲最初如何兴起也与亚洲有关。在我看来，我们需要更全面了解世界历史。亚洲的历史丰富多元，他们在历史上有着最根本的地位，但在“欧洲时代”却被忽略了。举个例子，在牛津大学自然历史博物馆收藏着历史上最伟大的27个科学家雕像，但没有一个来自非欧洲国家。这也反映出我们看待历史只是从西方的视角出发。

● “一带一路”在塑造未来的世界

环球时报：您也给西方读者讲述了今天中国提出“一带一路”倡议的重要意义。“一带一路”涉及的国家在文化、宗教、种族、政治制度上都有不同，为什么中国的倡导能发挥独特的作用？

弗兰科潘：我们和邻国往往有着非常复杂的关系。我们花大量时间与他们打交道，但他们既可能是最能制造麻烦的人，也有可能是最能帮助我们的人。不同语言和文化背景的邻国需要彼此信任，才能建立良好关系。这不是一件容易的事情。如果你足够自信，你不会介意人家和你穿不一样的衣服，信不同的宗教，吃不同的食物。事实上向他们学习，你会变得更强。可以说，人们最糟糕的事情是相互斗争，而最美好的能力则是合作和交流。

对于21世纪的中国，“一带一路”倡议凸显了中国了解世界的愿望，对中国保持自身经济增长有重要意义。我在过去6个月了解了很多中国大城市的兴起，为了维持大城市的发展，中国需要确保获得能源、资源、粮食，维持和邻国的良好关系。“一带一路”强调“合作”与“协作”，中国不是只盯着自己的利益，而是同时重视其他国家的利益。这是一个应对周围世界非常积极和开明的方式。这就像如果你有一座大理石和金子做成的大房子，但是你的邻居却穷困潦倒，那么这就会带来问题。最好的办法是拿出一些钱，确保整个“社区”都很繁荣，这才符合自身的长远利益。对中国来说，也是如此。

习近平主席提出的“一带一路”倡议对中国的长远经济发展非常有帮助，而且能维护整个地区的稳定。如果只是中国变得越来越强大富有，而周边其他国家发展得很不好，那么对中国也未必是好事。像“一带一路”这种寻求基础建设、政府层面进行合作、发放贷款帮助其他国家发展的模式，是非常健康和正确的。多年以来,“一带一路”涉及的国家都在试图寻找解决问题的方法,分享有关安全、情报和反恐方面的想法。这和我们最近几个月在欧洲所听到的论调很不一样,欧洲最近在讨论怎样更独立、讨论分开。“一带一路”是在试图预测未来的世界:未来二三十年世界会变成什么样子,未雨绸缪可以帮助自己做好最棒的应对。这是聪明的政治。

环球时报: 您曾在美国《赫芬顿邮报》撰文说,“一带一路”在引领风气之先和规划未来,而西方时代几乎已终结。为什么您会这样说?

弗兰科潘: 从国内生产总值来看,亚洲正在崛起,过去10年有很多人脱贫。当谈论西方世界几近终结时,我是从历史学家的出发点来谈论,所有的文化和政治中心最终都无法避免衰亡。我认为,我们当下在所看到的——中东问题频出、伊朗日益活跃、南亚和东南亚的发展,以及中国不断增长的雄心——这些都是世界重心转移所带来的变化。俄罗斯和土耳其这两个介于东西方之间的关键国家,正把更多目光投向东方,这并非巧合。

亚洲的未来看起来比西方更有希望,欧洲存在结构性问题。有关英国脱欧、欧盟解体、更关注自我等当下欧洲出现的现象在某种程度上和罗马帝国的某段时期有些相似。公元三四世纪时,人们有过类似描述:曾几何时,罗马帝国如此强大,罗马人分散在世界各地,保卫着他们的边境(英国也曾这样),而如今,人们把闲暇时光放在巴斯泡温泉,人们谈

▲“一带一路”倡议为沿线国家提供了发展机遇，不仅促进了沿线国家经贸领域合作，也为国家间开展战略对接和基础设施互联互通提供了机遇。图为建设中的中（国）老（挝）铁路国内段新平隧道四个辅助坑道正洞同步实现贯通（中新社　任东/摄）

论的是最火的明星，没有人谈论哪位将军或是那些为帝国运转辛勤劳作的人。罗马帝国的分崩离析是缓慢渐变的过程。可以说，罗马在2000年前有自己的“一带一路”，当所有的结点都能相互联系——“能获得所需的资源，促进经济增长并与邻居相处很好”——也就是我说的“三点原则”，这在历史上是任何一个大国都需要的。

当下的变化是规模性的。100多年前，世界1/4的土地由英国控制。两次世界大战后，英国开始走下坡路。英国曾像罗马帝国一样，自18世纪开始将世界各地的领地一点点连接起来形成帝国，可以说这是英国版的“一带一路”。三四十年前，你从伦敦乘船出发前往中国，甚至无须离开英国领土，比如途经西非、开普敦、肯尼亚、孟买、斯里兰卡到当时的香港。即便是陆地上，英国在俄罗斯、中东都设有贸易站。然而现在，这样的网络已一去不复返。

环球时报： 对"一带一路"相关国家和地区来说，中国的大量投资最终改变的是什么？

弗兰科潘： 如果我是（中国）政府的顾问，那么我会建议政府要现实一点，因为不是每一个投资都能满足预期，而有些可能又远远超过预期。我们生活在一个风云变幻的世界，英国脱欧公投的结果会影响中国在英国的整体投资，而美国大选也势必给全球带来影响。正如投资者们所说，如果你投入大量资金，那么你不会每三个月就跟进成果，需要有长远的眼光。然而这些年，西方似乎有一个很大的弱点便是不擅长长远规划，只遵循五年的政府周期。如果能像中国那样有更长远的规划，那么成功就会更容易。中国提出的"一带一路"倡议是正确的、具有战略意义的，遵循了处于成长期寻求建立面向未来关系的"大国模式"。中国面临的困难将是如何应对潜在的问题，尤其是在变化加快的情况下。当面临强大的邻国时，小的国家很难拒绝。中国必须非常小心，不要在谈判中要求太多。

环球时报： 您在本书结语"新丝绸之路"中也提到，中国正在建设一张全新的、遍布世界的网络，这自然会让西方对中国的偏见越来越深。中国如何才能消除这些偏见？

弗兰科潘： 这是中国未来十年将面临的最困难的问题，中国每一步出于防守的考虑，都会被其他国家解读为侵略和好斗行为。这非常危险，消除这种担心非常重要。这种情况下，沟通是唯一可行的办法，解释清楚你计划做的一些事情很有必要。可以说，随着中国的崛起，世界观察中国的角度无论是军事、地缘政治还是经济，都存在很多不匹配的情况。中国可以尽量去准备和计划，事实上中国在这方面能做得更好——中国不喜欢批评，尤其是政府层面，然而任何成功的政治家、商人或长期规划者要学会的第一件事就是倾听。中国正在非常积极地试图鼓励、激发和帮助其他地区的经济增长，但其他国家将如何看待中国的这些做法？中国的政策制定者需要听到他们的声音。

● "并不是说中国强大了，其他国家就会变弱"

环球时报： 您强调"世界的中心是亚洲的中心地带"，为什么西方学术界特别关注中国、印度等国的迅速发展和社会变革？

弗兰科潘： 这些国家发展很快，充满活力，而且市场也很大，有很多机会。欧洲整体来说思维是非常开明开放的，尽管人们可能并不会说这些国家的语言，但西方人对这些国家非常感兴趣，以前对它们的了解不够。现在欧洲人想进一步了解和接触亚洲。世界就像是拼图游戏，我们都是相互连接不可或缺的，我在书的最开头就写到，全球化并不是21世纪才有，人类在2000年前就开始了全球化的进程。学习历史让我们换个视角来看待我们的世界，中国在21世纪所接触到的世界不是一个零和世界，并不是说中国强大了，其他国家就会变弱，而是中国强大，其他国家也要强大，这才是可行的方案，因为我们彼此连接相互依存。

环球时报：英国"脱欧"、难民潮、美国大选等"热点"背后，显示出全球性的混乱，对此您怎么看?

弗兰科潘：这些热点各有不同，但有的透露出一个问题：发达国家的社会不平等在加剧。不平等加重意味着国家经济层面出现结构性问题。欧洲很多国家的经济在过去十年都没怎么增长，我们应考虑如何让经济重新返回轨道，但改变不会马上发生。

（摘编自《环球时报》2016年8月17日，原标题为《牛津大学历史学家：中国重塑世界，西方时代终结》，作者为环球时报驻英国特约记者孙微）

［马来西亚］马哈蒂尔：
我对“一带一路”态度积极

第八次访华的马来西亚总理马哈蒂尔于2018年8月19日抵达北京，开启他中国之行的第三天。此前一天，他在杭州参观阿里巴巴集团和吉利汽车有限公司，并临时起意体验中国高铁。这是马哈蒂尔自2011年以来再次以总理身份访华，中国也成为他再度执政后首个正式访问的非东盟国家。“马来西亚依然欢迎中国企业和中国投资。”马哈蒂尔在杭州发出这一信号。

8月19日，93岁高龄的马哈蒂尔一早来到大疆无人机公司的北京办公室。马来西亚《新海峡时报》称，大疆无人机总部在深圳，是世界最大的商用无人机制造商之一。当天，大疆技术人员为马哈蒂尔演示了他们最新的无人机技术。

19日下午，马哈蒂尔在阿里巴巴董事局主席马云的陪伴下，在北京出席“中国企业家俱乐部论坛”活动。由于近期中马经贸关系出现

▲马来西亚总理马哈蒂尔（《环球时报》/供图）

一些微妙变化，各种说法也很多，加之马哈蒂尔本人是政坛常青树，知名度也足够高，因此活动吸引了400多位各界人士参加，其中包括马蔚华、沈国军、张茵、夏华、丁立国、毛大庆等一众中国知名企业家。

活动开始，马哈蒂尔先作了10分钟的开场演讲。演讲开宗明义：马来西亚欢迎中国企业赴马投资，以获得更多中国投资和更多技术转让。目前马来西亚在马中贸易方面处于逆差地位，希望中国在马投资能帮助缩减逆差。

随后是50分钟的问答环节，第一个问题就是“您如何看待‘一带一路’倡议”。对此，马哈蒂尔表示，他对“一带一路”倡议态度非常积极，称这是一个值得称赞的举动，因为它是在做贸易的融通和沟通，马来西亚是从西到东的一条通道上的重要节点。

自 2018 年 5 月上任以来，马哈蒂尔叫停超过 200 亿美元的中国承建的基建项目，令中企在马投资前景蒙上阴影。新希望集团董事长刘永好 19 日在“中国企业家俱乐部论坛”活动期间告诉环球时报记者，新希望集团有投资马来西亚的兴趣，但非常担心那里的投资环境。“在小范围沟通时，（马哈蒂尔总理）清晰地告诉我们，马来西亚欢迎中国投资。但是我也的确注意到，一些中国项目在该国遇到挫折或问题，因此我想再问一问。”

记者注意到，在活动现场，有好几位中国企业家问及“马来西亚新政府到底有什么吸引外资的优惠政策”，还有一些企业家担心马来西亚投资办证、程序审批的效率比较慢。对此，马哈蒂尔回应说，上届政府的确有效率不高和腐败的现象，但他保证这届政府不会容忍这样的做法，马方不会寻租压榨。如果申请符合条件，企业会很快得到审批结果。马方目前也引入了一些新做法，以加速整个审批的流程。他介绍马方的优惠政策说，如果在一些经济特区尤其是一些免税区设厂有免税待遇，如果在出口加工区，也不会针对出口征税。此外，马来西亚还会有一些享受 10 年的税收免除优惠，在税收优惠方面免税和减税的时间非常长。

香港《南华早报》评论说，在中美关系紧张之际，中国铺开红地毯欢迎马哈蒂尔五天之行，采取谦虚的策略赢得马来西亚，稳定了中马关系。中方乐于与马来西亚新政府建立政治互信，并理解马来西亚对中资大规模进入的担忧，但有中国学者提醒说，马来西亚不应该在新的磋商中要价太高。丝路智谷研究院院长梁海明 19 日对记者说，马来西亚未来的经济发展需要中国，也只能依靠中国。作为外来型的经济体，马来西亚希望吸收更多外资，现在美国已经指望不上，欧洲遇到很多问题，日本向来“很挑食”，要好的项目和好的盈利机会。马来西亚如果想实现“弯道超车”，除了中国没什么别的选择。

据报道，马哈蒂尔 20 日将与中国领导人举行会晤，并于 21 日参观中国国家农业科技创新园、会见记者后结束访华行程。马来西亚《星洲日报》称，不论马哈蒂尔此行能否带回实质性的成果，上任三个月后的这次访华都为马中关系揭开新篇章。以前马哈蒂尔时代马中关系得以突飞猛进，33 年间的第八次访华马哈蒂尔又能作出什么开拓性的贡献，让我们拭目以待。

（摘编自《环球时报》2018 年 8 月 20 日，作者为环球时报记者谢戎彬、王聪，特约记者陈欣）

七位知名前外国政要谈“一带一路”

“一带一路”有多火？听听七位知名前外国政要 2015 年 10 月 16 日在广州的发言就略知一二了。在当天由中国人民对外友好协会和澳大利亚中国友好交流协会共同主办的“从都国际论坛”上，中共中央政治局委员、时任广东省委书记的胡春华和包括澳大利亚前总理陆克文在内的 7 位前外国政要对“一带一路”倡议谈了自己的看法。

作为东道主，胡春华指出，“一带一路”倡议已得到世界越来越多的国家和国际友好人士的理解认同与积极响应。作为古代海上丝绸之路的重要发祥地，广东一定要抓住“一带一路”倡议带来的新历史机遇。他还举例说，2014 年广东对海上丝绸之路沿线重点 14 国的进出口的贸易总额增长 11.5%。2015 年 1 月到 8 月，广东对 14 国进出口贸易增长 12.1%。在当前比较困难的国际经济形势下，这充分说明“一带一路”建设带来了巨大的合作空间和实实在在的利益。

说得一口流利中文的澳大利亚前总理陆克文说自己早在 1984 年就来过广东。他对中国的和平发展仍然充满信心，主要来自三个方面：一是中国经济发展放缓是经济模式全面转换的结果，需要时间过渡；二是最近七年世界经济大环境很不景气，拖累中国的出口；三是中国近年来涌现出很多像小米一样的新公司，这些公司更加独立，给人以希望。

希腊前总理乔治·帕潘德里欧坦言自己的国家正在遭受严重的金融危机，但这丝毫不会减弱希腊参与"一带一路"的热情。他说，"一带一路"合作倡议的提出很好地将东西方文明的代表——中华文明和希腊文明有效连接，说明中国逐渐从全球视野来思考和规划未来。

墨西哥前总统卡尔德隆从更多贸易伙伴、知识产权、环保、避免中等收入陷阱等方面对中国的"一带一路"建设提出了建议。意大利前总理普罗迪介绍了欧元区一体化的一些经验，希望对"一带一路"有所借鉴。而瑞典前首相比尔特则谈到了"一带一路"建设中的"互联网+"因素，还提到了"双十一淘宝购物狂欢节"。联合国前副秘书长拉森特意指出了举办智库论坛对共建"一带一路"的促进作用。

印尼前外长纳塔勒加瓦独家回应了记者提出的关于TPP和南海的有关问题。他表示，TPP只是合作机制的一种。东盟"10+1"、东盟"10+3"、TPP等机制都是推进区内贸易自由化，只要能够提升地区经济活力，都有积极作用。各种合作机制可以并存，实现区内国家的共同利益，但必须保证这些合作机制朝着同一个方向发展，相互包容，而不是排他性的。针对近期的南海局势，他呼吁有关各方通过对话协商解决纷争，而不是动用武力。"您说的不要使用武力包括美国吗？"记者追问道。"对，当然包括美国。"他肯定地回答道。

（摘编自《环球时报》2015年10月17日，原标题为《"一带一路"有多火？听听7位知名前外国政要的发言！》，作者为环球时报记者谢戎彬、曲翔宇）

［冰岛］索尔达松：

“冰路”和地热拉近冰岛与中国

足球队这几年的神勇让冰岛在中国成为“网红国家”。其实，这个北欧国家和中国的联系远不止于此：冰岛是中国“冰上丝绸之路”计划的重要伙伴，还是雄安新区的新能源科技提供者。2018 年 9 月，冰岛外交部部长索尔达松在访华期间接受环球时报记者专访，详细谈了两国合作的诸多亮点。

环球时报：在中国和冰岛的合作中，北极航道或“冰上丝绸之路”是最具潜力的领域之一。对此，您怎么看？

索尔达松：北极航道已开通一些，未来如果北极航道完全开通，对整个世界运输而言将是堪比苏伊士运河或巴拿马运河开通的重大事件。2019 年至 2021 年，冰岛将担任北极理事会主席国。

我们一直欢迎中国科学家到冰岛科考，未来也希望继续保持这样的合作，特别是在应对气候变化、极地旅游、安全救援等领域的合作更加密切。

环球时报：冰岛一直在为雄安新区提供先进的地热利用技术。请谈谈两国在这一领域的合作。

索尔达松：冰岛和中国在地热资源方面的合作已有十多年，并取得巨大成功：说明国家间合作不仅能造福两国人民，也能为整个世界应对气候变化作出贡献。目前，冰中两国地热供暖合作的面积已达4000万平方米。此次访华，我也和中国领导人再度谈到这一议题，我们决定成立专门工作组，进一步推动这项可持续清洁能源的开发。未来，雄安新区将可以通过地热深井而非煤炭等化石燃料实现采暖、供应热水，甚至用地热来发电。

环球时报：冰岛足球队很受中国球迷喜爱。未来冰岛是否有兴趣和中国进行更多足球或其他人文领域的交流？

索尔达松：我们对和中国发展体育、人文等领域的培训合作非常感兴趣。谈到足球，我想冰岛有所成就的原因之一可能也要归功于地热利用。记得我小时候，孩子们只能在夏天踢足球，因为冬天实在太冷，但现在有了地热供暖的足球馆，全年都可以训练。我想冰岛未来可以把自己一直以来的训练方法带到中国，和中国有更多的交流。

环球时报：作为第一个和中国签自由贸易协定的欧洲国家，冰岛如何看过去这些年中国在国际自由贸易体系中扮演的角色？又如何看美国政府最近一段时间出台的贸易政策？

索尔达松： 中国 40 年前做出的改革开放的决定不仅对中国自身来说是迈出巨大一步，对世界经济也有着重要的意义。我是一个自由贸易和多边体制的忠实支持者，所以认为遵守基于自由贸易的准则和拥有一个高效且运行良好的国际争端解决机制是尤为重要的。不过，现在的世界贸易组织（WTO）被认为没有起到应有的作用，我们需要对它进行更多调整，以便让它更高效。贸易战永远不是好事情，因为没有人能取得胜利。历史上，贸易保护主义曾一次又一次抬头，但从未取得成功，未来也不会。人们还是应努力加强自由贸易，并为眼下的争端找到解决办法。

（摘编自《环球时报》2018 年 9 月 13 日，原标题为《冰岛外长索尔达松接受〈环球时报〉专访："冰路"和地热拉近冰岛与中国》，作者为环球时报记者白云怡）

南太平洋岛国大使：
“我们选择靠近中国”

“太平洋岛国成地缘政治战场”“南太平洋群岛——中国全球角力新前哨”……2018年的亚太经合组织领导人非正式会议11月12日至18日在巴布亚新几内亚拉开帷幕，这本是这个经济发展相对落后的国家的一件盛事，但中国却“意外”地再次成为一些西方人士和媒体议论的焦点。

除了渲染中国闯入所谓该地区大国的“后院”，过去一段时间，中国还被抹黑在当地搞“白象”工程（指消耗庞大资源却没有物尽其用或无价值的计划或设施——编者注），制造“债务陷阱”等。该地区的国家究竟如何看待这些声音，如何评价中国在当地的投资和援助？为此，环球时报记者对巴布亚新几内亚驻华大使克里斯朵夫·梅罗和萨摩亚驻华大使塔普萨拉伊·特里·托欧玛塔进行了专访。

澳大利亚做不到的，中国可以

环球时报： 2018 年以来有关南太平洋国家的新闻报道特别多，尤其中国的相关援助被西方媒体不断提及。为什么会出现这样一股“风潮”？

梅　罗： 我想这是由于中国在整个太平洋地区所扮演的角色正变得越来越重要。自“一带一路”倡议提出以来，中国作为世界领导者的地位在慢慢形成。我们应该看到，中国的影响力并不只是在南太平洋地区有所增强，非洲、南亚、东南亚等地区也在发生同样的事情。作为世界第二大经济体，中国作为全球领导者的地位已逐渐从理论变为现实。正因为如此，一些过去曾是我们传统盟友的国家开始忧虑并发出一些声音。

环球时报： 那您如何评价中国在巴布亚新几内亚和其他南太平洋岛国的存在？有声音一直称中国对南太平洋“渗透”，您怎么看这种观点？中国和巴布亚新几内亚的合作是否是互利的？

梅　罗： 在 2014 年习近平主席第一次访问南太平洋岛国并宣布对该地区的新政策后，中国对我们的经济援助越来越多，尤其是基础设施领域。目前，在巴布亚新几内亚运营的中国企业有近 3500 家，从小微企业到大型跨国集团都有。其中，21 家大型跨国集团在过去几年承担了公路、铁路修建等多个大项目。我认为中国对我们的帮助是一件很好的事情，也是我们所需要的。

▲巴布亚新几内亚驻华大使克里斯朵夫·梅罗（《环球时报》/供图）

在“中国—太平洋岛国经济发展合作论坛”框架下，中国进出口银行和中国开发银行一共向南太平洋岛国提供了20亿美元优惠贷款，支持我们修建基础设施。巴布亚新几内亚作为南太平洋岛国中人口最多、最大的国家，自然能从中受益良多，提升我们民众的生活水平。我这里有两篇我们国家报纸上刊登的文章，一篇讲的是巴布亚新几内亚加入亚投行，另一篇说的是巴布亚新几内亚可以从共建“一带一路”中得到好处，都彰显出巴布亚新几内亚同中国合作的意愿。

值得一提的是，我们的传统盟友美国当下有转向孤立主义和保护主义的趋势，这让我们这些南太平洋国家十分担忧，也因此越来越靠近中国。比如作为岛国，我们对海平面上升及气候变化表现得敏感且脆弱，但美国却宣布退出《巴黎协定》。形成对比的是，中国的蓝色经济理念和我们的海洋发展观如出一辙，所以我们很愿意和中国保持更加密切的合作。

● 对我们来说，中澳两种援助都很重要且无法相互替代

环球时报： 除了中国，南太平洋岛国也接受过许多其他国家的援助。中国的援助与澳大利亚等西方国家有何不同，是否存在竞争关系？

梅　罗： 我不认为中澳在南太平洋是竞争关系，因为两者专注的领域有很大差别。如我刚才所说，中国的援助主要集中在基础设施领域，比如修建桥梁、机场、港口、医院等；澳大利亚则更关注社会领域，比如艾滋病预防、教育、人权、法律、性别平等项目等。相比而言，中国的援助更看得见、摸得着，因此有时也更容易为一些媒体关注和炒作，但澳大利亚也在持续援助我们，是我们非常好的伙伴之一。

总的来说，这两种援助对我们来说都很重要，且两者无法相互替代。以巴布亚新几内亚为例，我们是一个资源丰富的国家，但也是一个不发达的第三世界国家，我们没有财力去开采利用这些资源，所以我们迫切需要中国的援助。和中国相比，澳大利亚的经济体量还是小一些，所提供的资金无法完全满足所有南太平洋岛国的需求，但中国可以。

债务陷阱？我很奇怪这种说法的由来

环球时报：一个常被提及的话题是“债务陷阱”。一些媒体声称，中国通过“债务”掌控南太平洋岛国的基础设施，您怎么看这种说法？贵国的债务是否在可控范围之内？

梅　罗：我要非常认真地回答这个问题。巴布亚新几内亚有一个国家借贷“天花板”，超过这一限制的债务是违法的。作为政府，我们绝对不会无限制地借贷，也能够管理好自身的债务水平，更不会有什么所谓“债务陷阱”。事实上每一个独立国家都有类似规定，所以我很奇怪这种说法的由来。

一些西方国家的确存有类似看法，但我认为它们这样说是因为其在南太平洋的影响力正面临挑战。此前相当长一段时间，南太平洋地区的力量格局一直很稳定，但现在这些国家需要为中国的“突然”进入找到一些“解释”，于是就出现了这种相当偏颇的观点。我想强调的是，相比一些政治因素，我们更关心经济发展。

环球时报：根据巴布亚新几内亚的规划，未来你们期待在哪些方面和中国进一步合作？

梅　罗：巴布亚新几内亚在油气开发方面的潜力很大，美国已经在这一领域注入大笔投资。我国第一个液化天然气项目需要花费总计近 190 亿美元，我们的年度国家预算甚至都没法达到这个数字。现在我们又有了第二个液化天然气项目计划，预计需要160亿到190亿美元，这意味着我们需要包括中国在内的大量外国直接投资。

在基础设施领域，如果你去巴布亚新几内亚，会发现一些比较偏远的地区非常贫穷，人们好像活在半个世纪以前，很多村子没通公路，遑论城市中的医疗、教育等服务。我们国家甚至还有70%的人口用不上电。这意味着我们需要并希望更多中国企业来巴布亚新几内亚。

我们已和中国签署框架草案，希望中国能派遣更多专业人才和企业，帮助巴布亚新几内亚建立一个工业基地。如果这个基地得以建立，未来巴布亚新几内亚将有能力对我们的一些产品进行初加工后再出口，这样不仅能促进经济增长，也能提供更多就业机会。

● “中国到来”并非西方口中的“突然”

环球时报：您对习近平主席和南太平洋领导人即将在莫尔兹比港举行的会晤有何期待？这对南太平洋诸国来说意味着什么？

托欧玛塔：中国是萨摩亚最亲密的发展伙伴之一，对其他许多太平洋岛国来说也是这样。这次访问和会面是自2014年斐济楠迪会议起中国与南太平洋岛国领导人的第二次会晤，它对我们来说非常重要，因为这是一个讨论加强太平洋岛国与中国联系的好机会。鉴于世界和亚太地区近期发生的种种事情，以及2014年至今（国际形势）发生的诸多变化，在这次会议上，

▲萨摩亚驻华大使塔普萨拉伊·特里·托欧玛塔（《环球时报》/供图）

双方将可以重新就彼此关系进行一些新的讨论。

环球时报：一些国家对中国“进入南太平洋”感到不安，认为中国正在改变南太平洋地区的格局。您怎么看这种观点？

托欧玛塔：其实，早在1975年中国与萨摩亚建交前，两国就有长期的民间交往历史了，可以追溯到18世纪末第一个中国人来到萨摩亚时，今天你在萨摩亚可以看到许多华人的后代。所以，萨中之间不是一种什么“突然”出现的新关系。某种程度上，在我们和许多西方国家建立关系前，“中国”就已经在萨摩亚了，而我们早已对此习以为常。

我想，你提出这个问题是因为一些萨摩亚的伙伴正为中国在南太平洋地区的存在而感到焦虑，但这种焦虑实在没有什么根据。中国的优势和实力使它能与我们在一些其他援助国无法做到的大型项目上合作，这和其他援助国所做的是相辅相成的，因此完全不应成为问题。

有些媒体可能一看到中国和南太平洋岛国相处得不错，就试图做些负面报道，政治因素也经常在此时介入。但对于我们这些得到中国帮助的国家来说，我们非常欢迎中国在该地区的援助与存在。

环球时报：似乎南太平洋地区不同国家间存在分歧，前不久举行的太平洋岛国论坛上，瑙鲁就对中国代表团作出刁难之举。您怎么看这一事件？是否担心这种分歧扩大并对该地区产生负面影响？

托欧玛塔：我对那场事故的发生感到非常遗憾和不幸，它不应当发生。中国早就是南太平洋地区的援助国，无论是哪个国家来主持这一论坛，都不能以那样的方式来对待一个对话伙伴，而这也是所有主办国都应遵守的一个国际惯例。

我相信南太平洋领导人将会就此讨论，避免类似事情再次发生。事实上，无论当时论坛发言的安排发生了什么，我相信中国代表团要提交的有关气候变化的文件都会受到在座众多领导人欢迎。

环球时报：作为驻华大使，您未来将重点推进萨摩亚与中国的哪些合作？

托欧玛塔：随着"一带一路"倡议的推进，我们希望与中国在旅游与农业领域有更多合作。萨摩亚20%的国内生产总值依赖旅游业，所以我们想加强与中国在航空上的连通性，好让更多中国游客更便捷地到太平洋和萨摩亚欣赏不同的风光。前不久，萨摩亚总理访问广州时与中国南方航空公司的董事长与高管举行了一次会议，希望设立直飞航线。除此以外，我们还将推动旅游基础设施建设，比如建造更多酒店和度假村，而萨摩亚已经有许多能讲中文的人。

我们也希望进一步推进和中国私营部门的合作。目前，中国与南太平洋岛国的经济合作主要集中在政府间和国企层面，但我们很希望中国的私营企业也能多来投资，更多推动消费市场的增长，以减少我们对中国政府援助的依赖度。

环球时报：2018年是中国改革开放40周年，您在中国已经工作十年，您觉得中国的改革开放和发展经验是否有可以与萨摩亚及南太平洋地区分享之处？有西方国家认为中国的飞速发展对世界构成了威胁，您怎么看？

托欧玛塔：中国在40年前决定向世界敞开大门是一个伟大的决定，中国经济从此蓬勃发展，现在已是世界第二大经济体。过去十年，我看到了中国高效的做事能力：中国可以迅速制定战略，并破除任何阻碍将其付诸实践。在很多国家，总是有人为一个计划的实施处处设置障碍，但在中国，每个人都在努力地将政府规划变为现实。

至于中国发展是贡献还是威胁，我想我们发展中国家与一些西方国家想法不同，在9月的中非合作论坛北京峰会上就能清楚看到这一点。中国的发展无法阻止，我们必须与中国合作。

（摘编自《环球时报》2018年11月15日，原标题为《巴新和萨摩亚驻华大使专访——我们为什么选择靠近中国》，作者为环球时报记者白云怡）

［阿塞拜疆］沙辛・穆斯塔法耶夫：

我们非常信任中国

2019 年 3 月 1 日，由阿塞拜疆经济部、阿塞拜疆驻华大使馆商务代表处、阿塞拜疆出口与投资促进基金会和环球时报社联合主办的中国—阿塞拜疆“一带一路”贸易合作圆桌论坛在北京举行。阿塞拜疆经济部部长沙辛・穆斯塔法耶夫在会上接受环球时报记者专访时说，阿中两国关系已达到“非常高的水平”，“阿塞拜疆是共建‘一带一路’倡议最积极的参与者之一”。

环球时报：请部长先生介绍一下近年来中阿经贸合作情况，有哪些亮点？

穆斯塔法耶夫：2018 年阿塞拜疆与中国之间的贸易额达到 13 亿美元，相比 2013 年翻了一番。我为什么特别提到 2013 年？因为那一年中国国家主席提出了“一带一路”倡议。

我们有意向进一步扩大和提升阿中双边贸易。最近我们在全世界设立了四个商务代表处，其中一个就在中国。2018年我们在中国开设了两个葡萄酒中心、一个贸易中心。在首届中国国际进口博览会上，我们派了代表团参加，展出最优质的产品。我们还要参加第二届进口博览会，并将展厅面积扩大一倍。

昨天，在同钟山（中国商务部部长）进行会晤时，我们达成协议，马上启动有关特惠贸易协定的谈判。中国跟南高加索地区国家的贸易约45%来自阿塞拜疆，这意味着在南高加索地区，阿塞拜疆是中国最大的贸易伙伴。

环球时报：您对未来两国的合作有什么期待？

穆斯塔法耶夫：我想强调，目前阿中关系已经达到非常高的水平。虽然我们在中国只待了三天，但我们同中国高级别官员进行会晤，内容非常丰富，双方有意向在以下几个领域推动合作：石油与天然气、国际运输和投资。在工业领域我们要共同设立生产线，扩大贸易关系，扩大旅游领域的合作，通信与信息技术领域也要加强合作。

阿塞拜疆全面支持“一带一路”倡议，并参与其中。1月22日，阿塞拜疆总统阿利耶夫在达沃斯参加“推进‘一带一路’倡议：展望中国的万亿美元愿景”研讨会，同时接受中国媒体采访。他在采访中再次表示高度重视中国。最近几年，阿塞拜疆对中国进行了16亿美元的间接投资，这对阿塞拜疆来说是非常大的金额，意味着阿塞拜疆非常信任中国的领导人、政府和人民。

中国领导人已经看到阿塞拜疆跨里海运输走廊的潜力，对我们的走廊项目表示支持。亚投行向阿塞拜疆的"跨阿纳托利亚"（TANAP）天然气管道项目提供了贷款。如果把所有我提到的这些成果放在一块儿，就能看到我们两国的合作关系有非常美好的未来。另外，今天中国文化和旅游部同阿塞拜疆旅游局，签订了一份关于中国旅游团队赴阿塞拜疆旅游实施方案的谅解备忘录。

环球时报：阿塞拜疆政府于2012年制定发展战略，计划到2020年实现80%的国内生产总值来自非石油行业。该计划执行情况如何？

穆斯塔法耶夫：这对我们来说是一个非常重要的战略。我们主要是想让经济不再依赖石油和天然气，能够更加多元化。最近三年，这方面的发展趋势可能有点变缓，原因是其他外来因素比如单边主义和保护主义的影响。

环球时报：阿塞拜疆位于欧亚两大洲交界处，这一地理位置对阿塞拜疆的发展有着怎样的影响？您如何评价阿塞拜疆在"一带一路"合作中的定位？

穆斯塔法耶夫：阿塞拜疆是共建"一带一路"倡议最积极的参与者之一。2018年，我们的国际海上贸易港已经开始运营，最近我们完成一个新项目——巴库—第比利斯—卡尔斯铁路，它通往格鲁吉亚的边界。该铁路正式投入运营后，跨里海运输走廊将成为连接中国与欧洲最短、最安全的铁路线路之一。

里海最大的船舶队伍也属于阿塞拜疆，我们五年前在里海岸边建了一家造船厂，每年生产两三艘新船舶。

（摘编自环球网 2019 年 3 月 4 日，原标题为《阿塞拜疆经济部长专访：我们非常信任中国》，作者为环球时报记者李司坤）

［意大利］迈克·杰拉奇等：

“一带一路”能将我们的国家从昏昏欲睡中唤醒

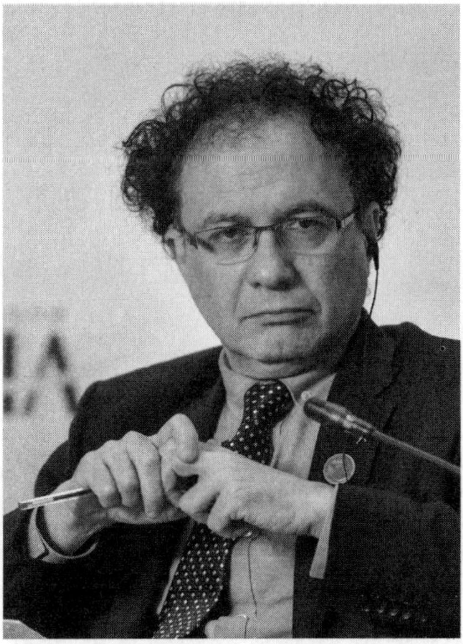

▲意大利经济发展部副部长迈克·杰拉奇（中新社　骆云飞／摄）

2019年3月23日，中国与意大利签署关于共同推进“一带一路”建设的谅解备忘录。意大利成为首个加入“一带一路”倡议的七国集团（G7）成员国，这引发欧美舆论的议论。意大利人如何看“一带一路”倡议？“我认为会有越来越多的人发现中国这一倡议带来的益处，尽管这需要一点一滴的积累。”意大利经济发展部副部长迈克·杰拉奇在接受环球时报记者专访时这样说。

意政府内“有许多声音强烈支持加强与中国的联系”

曾在中国居住多年的杰拉奇能说一口流利汉语，外媒称他是意大利加入“一带一路”倡议的重要推动者，是“意大利加强对华关系的建筑师”。在社交媒体上，杰拉奇一直明确表示支持“一带一路”倡议，并试图说服那些心存疑虑的企业家与民众。“这份备忘录对所有希望增加出口的意大利公司来说都是一个好机会……能够将我们的国家从昏昏欲睡中唤醒。”杰拉奇近日在社交媒体上发文说。

意大利加入“一带一路”倡议并非只靠杰拉奇一名高级官员推动。不少分析认为，2018 年 6 月上台的新政府比其前任们更清楚与中国加强联系的重要性。一位不具名的意大利政治学者对环球时报记者表示：“2018 年此时，我无法预料到意大利会如此积极地拥抱‘一带一路’，但这就是本届政府的决定。我想这是意大利希望重回世界中心的一次努力。”

2018 年 9 月，当时首次访华的意大利副总理迪马约在北京接受环球时报等媒体采访时就强调意大利加入共建“一带一路”倡议的决心。2018 年 10 月，意大利政府专门成立跨部门机构“中国任务小组”，旨在加强意中两国在贸易、金融、投资等领域以及在第三国的合作，这一小组的负责人正是杰拉奇。

“我们听到意大利政府内部有许多声音强烈支持加强与中国的联系，尽管必须承认的是，在议会和社会舆论中存在杂音。”意大利国际政治研究所亚洲研究中心联席主任阿莱西亚·阿米吉尼对环球时报记者表示，“但没有人能否认意大利和中国之间更强大、更深厚的关系是双方都需要的”。

"'一带一路'倡议对意大利非常重要。"杰拉奇对环球时报记者表示，"我们希望这份备忘录可以带来更多贸易与投资活动。"

● 意港口看到了自己的未来

从罗马奇维塔韦基亚港出发，豪华邮轮地中海神曲号缓缓驶入位于西西里岛西北角的巴勒莫港。邮轮甫一停稳，三三两两的游客下船开始四处游览。作为西西里岛首府，巴勒莫经常迎来中国游客，然而他们想要的不止这些——巴勒莫港希望迎来更多来自中国的货轮与集装箱。

然而现实与希望之间存在差距，2018 年，巴勒莫的集装箱吞吐量仅为 1.4 万个标准箱，约为上海港的 1/4000。"我们的地理位置很好，处在地中海中心。"西西里人安德里亚对环球时报记者说，"但我们的港口已经很旧了，它们相比那些自动化港口缺乏竞争力，而政府没钱去改变这一现状"。

老旧的基础设施与政府有限的财政预算之间的矛盾已成为制约意大利发展的因素之一。罗马地铁 A 线是该市的第二条地铁线路，于 1980 年正式开通。当记者走进 A 线的一座车站时，最直观的感受是狭窄、破旧、灯光昏暗，甚至地铁轨道上还铺着和铁路一样的道砟。相比同一时期投入运营、不断更新设施的北京地铁 1 号线，罗马地铁 A 线在硬件上已经落后了不少。

意大利政府此前已看到基础设施建设方面的问题，一度计划拿出 1000 亿欧元的基建发展拨款，但由于政府更迭与财政吃紧，大量基础设施至今没有得到维护与更新。

"'一带一路'倡议为意港口发展带来新机遇。"意大利港口协会主席、的里雅斯特港港务局局长泽诺·达戈斯蒂诺对环球时报记者说，“地中海是意大利振兴经济的重要依托，大力挖掘海洋经济潜力是我们未来发展的必由之路。意大利要抓住机遇，同‘一带一路’更好地进行对接”。

中意两国在港口领域的合作已有良好范例。靠近意大利重镇都灵和米兰的瓦多港2016年与中国中远海运港口有限公司达成股权合作协议，后者正在这里建设集装箱码头，将成为意大利第一个自动化集装箱码头，也将是该国近30年来首个新建的码头。瓦多码头控股公司经理布鲁诺对记者介绍道：“工程进度已经完成近80%，预计首个泊位将于2019年底投入运营。建成后，新码头将拥有约700米长的海岸线，年吞吐能力86万个标准箱，可停靠当前世界上最大的船舶。”

同样位于地中海北岸的希腊比雷埃夫斯港（以下简称“比港”）的发展让意大利港口看到了自己的未来。中企2016年入股后，比港的全球排名不断提升。“与比港相比，意大利港口容量较小，吃水更浅，容纳大型以及超大型集装箱船的难度较大。”意大利国际政治研究所基础设施研究中心学者亚历山大·吉利对记者说，“不过，意大利港口更接近欧洲‘心脏’。”如果来自中国的货轮穿越苏伊士运河后在的里雅斯特港卸下货物，可比前往德国汉堡节约四五天时间。正如意大利前总理真蒂洛尼此前谈到“一带一路”倡议时所言，“中国近了”。

● 越来越多意学生赴华上大学

“中国在哪个洲？”“亚洲！”“意大利在哪个洲？”“欧洲！”在罗马国立住读学校高中一年级的课堂上，来自中国的老师正给20名学生上中文地理课。

这所学校近日在中国网络上成为"意大利名校"，因为该校八名学生收到来自中国国家主席习近平的回信。2009年起，罗马国立住读学校开设五年制汉语国际理科高中，目前总共约200名学生将汉语作为第一外语，教学时长甚至超过意大利语和英语。

在这里任教近七年的中国教师陈晨告诉环球时报记者，该校越来越多的毕业生前往中国攻读本科学位，而不是像过去一样选择欧美的传统名校。"走进中国为他们打开通往世界的新大门。"陈晨说，"中国对他们的意义不仅在于能认识它的语言和文化，还能为他们的未来创造更多机会。"

了解中国，就能更好地理解"一带一路"倡议。"交流、合作与机遇。"正在上海学习的意大利留学生纳迪亚·内拉提对记者这样概括她眼中的"一带一路"倡议。她认为，加入这一倡议有助于意大利中小企业加速国际化。

"过去，前往中国考察市场、开展业务是一桩大事，只有实力雄厚的意大利公司才有这样的计划。"一名意大利企业家告诉环球时报记者，"而现在，意大利企业都想去中国看一看，因为那里有我们需要的东西。"

（摘编自环球网2019年3月25日，原标题为《意大利人谈"一带一路"：能够将我们的国家从昏昏欲睡中唤醒》，作者为环球时报赴意大利特派记者赵觉珵、环球时报驻意大利特派记者叶琦）

［匈牙利］西亚尔托：
“谈到中国，欧盟就出现一种恶劣的伪善”

▲匈牙利外交部部长西亚尔托（中新社陈超／摄）

“伪善”“歇斯底里”——据路透社2019年5月24日报道，针对西欧国家一些人批评中东欧国家与中国发展贸易关系“分裂欧盟”，匈牙利外交部部长西亚尔托23日抨击西欧国家在中国贸易问题上“伪善”：“相较于中欧国家，德法两国与中国之间的商业往来更多，为什么没人提出问题？”他同时为匈牙利使用华为5G技术辩护。近期，匈牙利在中国议题上拒绝美国施压的坚定行动引起关注。

4月，第八次中国—中东欧国家领导人会晤在克罗地亚成功举行。路透社称，参加该会晤的16个中东欧国家中包括11个欧盟成员国，他们承诺加强与中国的贸易关系、支持中国"一带一路"倡议下的大型基础设施建设计划。德国和法国两个主要西欧大国对中东欧国家的这种"独立行动"提出反对，担心"当欧盟试图制定更具防御性的对华策略时，此举使欧洲看起来变得不团结"。当地时间21日，法国财长布鲁诺·勒梅尔在巴黎召开的经合组织（OECD）会议期间对记者称，中东欧国家与中国的这种谈判"平行于欧盟领导的对华谈判"。

不过，匈牙利外交部部长西亚尔托对这种指责提出反驳，并表示相较于中欧国家，德法两国与中国之间的商业往来更多，而且通常是直接与北京磋商。他对路透社记者说："当谈到中国时，欧盟就出现一种恶劣的伪善。11个中东欧国家仅占欧盟对华贸易总额的9.9%。""当德国总理和法国总统与中国领导人举行会晤时，没人认为这是个问题。当他们卖给中国300架飞机时，也没人提出问题，这是一单比11个中东欧国家对华贸易额总和都要大的交易。"3月，中国航材与空客公司在巴黎签署300架空客飞机的批量采购协议。

路透社称，西亚尔托同时表示，西欧国家批评匈牙利在5G网络建设中使用华为公司的技术不公平，因为正是德国和英国最大的电信公司——德国电信和英国沃达丰授权建立这一网络。西亚尔托说，"面对来自中国的竞争，我们应该停止喊话、歇斯底里和指责中东欧国家，而应该加强自己，准备好直面竞争"。

2019年以来，美国多番施压，要求匈牙利远离中俄、禁用华为技术。《华尔街日报》2019年1月报道称，匈牙利总理欧尔班告诉美国外交官，他希望自己的国家"像奥地利一样保持中立"，拒绝选边站。

2019 年 2 月，美国国务卿蓬佩奥亲自出马访问匈牙利等国，在与西亚尔托的联合记者会上，蓬佩奥警告匈牙利，“与北京握手会有附加条件……匈牙利会在经济和政治层面都负债累累”，“美国将很难与安装华为设备的国家做盟友”。西亚尔托当面反驳说，“我们早就受够了西方的极度虚伪”，“如果某些国家老把时间花在干涉他国内政上，这个世界并不会变得更好”。

（摘编自环球网 2019 年 5 月 25 日，原标题为《这个无惧老美的欧洲国家　又帮中国说话了》，作者为环球时报驻法国特约记者姚蒙、环球时报记者王盼盼）

［日本］进藤荣一：
炒作“中国债务陷阱”非常荒诞

日本筑波大学名誉教授、国际亚洲共同体学会会长进藤荣一对很多国际问题都有深入研究。他曾表示“美国政府搞贸易保护主义的行径实在是愚蠢至极”，“21世纪是以中国为代表的亚洲的世纪”。2017年11月底，为让日本社会认识到“一带一路”倡议正为解决全球性棘手难题提供有效方案，年近八旬的进藤荣一与多名日本学者在东京发起成立日本“一带一路”研究中心。环球时报记者2019年6月就中日关系、“一带一路”倡议等问题专访进藤荣一时，老人显得很急切，一再强调：“请中国等待日本的合作。”进藤荣一对日本加强同中国在共建“一带一路”领域的合作有很大预期，但他也坦言：“在未来一段时间，日本会继续在中美之间摇摆。”

●“一带一路”应为“亚洲版 OECD”

环球时报：您发起成立的日本“一带一路”研究中心主要做哪些领域的研究？目前，日本并未签署共同推进“一带一路”建设的谅解备忘录。对此，您怎么看？

进藤荣一：这需要时间。我们同中国签署了开发第三方市场的合作协议。我们需要更多的交流和往来，尤其是媒体之间。媒体在决定日中关系的未来上扮演着重要的角色。对日本媒体来说，美国因素是个很大的障碍。2013 年到 2017 年间，很多日本媒体人和商人开始了解“一带一路”倡议的重要性，但美国一些智库开始通过所谓的“债务陷阱”来炒作“‘一带一路’是中国搞殖民扩张”。日本“一带一路”研究中心对中国在斯里兰卡、巴基斯坦、老挝和希腊等国的“一带一路”项目进行了深入研究。我们也同中国的学术界有交换项目，证明所谓“债务陷阱”只不过是针对“一带一路”倡议的荒诞说辞。我们需要同东亚国家的智库围绕“一带一路”倡议进行更多交流。我们已提议“一带一路”应成为亚洲版的“经济合作与发展组织（OECD）”。

环球时报：您如何评价目前的中日关系？

进藤荣一：日本自民党内的一些力量认识到中国这个大市场以及同中国进行对话的重要性。尤其是自民党干事长二阶俊博对中国有很强烈的感情。自民党内有很多潜在的“亲中”政治家。但是日本外务省的一些官僚以及部分媒体仍沉迷于华盛顿。

这对日本来说是个问题。日本需要时间，因为我们坚持日美同盟体系已 70 多年。请等待我们（日中）之间的合作。为了日本同中国以及欧亚大陆其他国家的共同利益，我们身兼重任。中国提出的"一带一路"倡议对日本政界和商界都是一种激励。"一带一路"倡议有其历史背景，对于整个世界来说具有开创时代的意义。

● 日本在中美之间摇摆

环球时报： 日本政界和商界如何看中美经贸摩擦升级？

进藤荣一： 我们需要更多战略思维。如果日本官员和政客有战略意识，他们就会和中国更多合作，但现在还有些困难。我们仍然会在中美之间摇摆。美国仍会向日本施压，寻求在农产品和武器售卖上打开日本市场。美国一直尝试将客机、战机、军舰卖给日本。所以我们需要时间，日本和中国之间需要更多以及更稳定的合作基础。从这个角度讲，日中应积极推动在第三方市场的密切合作，共同建设 21 世纪丝绸之路。

环球时报： 提到日美同盟，日本将自己定义为亚洲大国还是西方大国？

进藤荣一： 我们处于摇摆之中。自明治维新开始，我们进入西方大国的"利益领地"，不再遵循亚洲价值观。明治维新提出"不要和坏的亚洲国家做朋友"，"离开亚洲，进入西方世界"。但在日本，这样的提法正逐渐被有识之士和普通民众重新认识。一些企业家开始关注中国以及欧亚大陆这样的大市场。他们开始明白，明治维新所倡导的理念并不能为日本带来最终的和平与繁荣。所以我们在改变。然而，日本国内主要的政治力量依然攀附于日美同盟关系，强调来自中国的潜在威胁。

21 世纪由崛起的亚洲主导

环球时报：中日两国文化上是有共同点的。这些共同点会不会促进两国之间的政治关系改善？

进藤荣一：佛教和儒教有着相同的根源，即都有很多“神”，这意味着他们更加灵活、更人性化。宽容是理解亚洲文化多样性的关键词。基督教和西方价值观体系声称他们代表了正义和民主，但亚洲文化更提倡用宽容的态度来进行对话。在我的高中时代，日本人学习儒家文化，如上课时学习中国汉字的意义。这是日本教育的内涵。

环球时报：中日两国都是重要的亚洲国家，对于整个亚洲来说，其国际地位是否也越来越重要？

进藤荣一：如果说 20 世纪是由美国主导的，那么，21 世纪则将由因为中国实力增长所带动的亚洲来主导。从社会、经济以及外交、政治等角度看，亚洲国家变得越来越强大。亚洲文化对世界的影响也在加大。这个改变的本质是，曾被美国及西方力量主导的世纪是基于殖民主义和帝国主义，而新的世纪正好相反。

我们既不想要殖民主义，也不想要帝国主义。我们的选择是更加可持续、更加平等以及更多互联互通。现在，国际外交和全球治理有了新的意义。我们不再紧随“民主、同盟、胁迫、制裁和干预”这些西方语境下的观念。1955 年万隆会议上所倡导的精神——“不干预、不结盟、中立、所有种族都平等”——是引领新的全球治理的亚洲价值观。这是亚洲崛起的意义。

（摘编自《环球时报》2019 年 6 月 6 日，原标题为《专访日本“一带一路”研究中心负责人进藤荣一：炒作“中国债务陷阱”非常荒诞》，作者为环球时报记者王雯雯）

［美国］黛博拉·布罗蒂加姆：
中国掠夺非洲？错！

“在一些地区，我们相信我们可以成功地帮助他们快速发展，我确信这种发展将在看起来更西方而非中国的模式下实现。”2018 年 6 月 18 日，美国国务卿蓬佩奥在底特律经济俱乐部发表演讲，解释美国的经济外交政策，表示将在非洲发力，驱除中国影响。这番讲话并无新意。2018 年 3 月，蓬佩奥的前任蒂勒森启程访非前，同样大谈所谓美国在非的“激励良政”，而中国让一些国家“陷入困境，造成依赖”。持类似观点的美国官员不在少数，但在美国约翰·霍普金斯大学高级国际问题研究院国际政治经济学教授、中非研究所主任黛博拉·布罗蒂加姆看来，美国政客对于中国在非洲活动的很多看法是错误的，西方舆论关于中非关系的辩论很少基于确凿的事实。布罗蒂加姆教授研究中非关系近 40 年，出版了大量研究成果，如《龙的礼物：中国在非洲的真实故事》《非洲喂养中国？》等，环球时报记者对她进行了专访。

中国公司正在创造就业机会

环球时报：您最近在《华盛顿邮报》上发表了一篇评论文章，认为美国政客对于中国在非洲的活动认知都是错误的。您的依据是什么？

布罗蒂加姆：我在文中写道，在华盛顿，共和党和民主党普遍将中国视为非洲新的帝国势力，认为这对非洲人来说是个坏消息。有人指责中国使用“掠夺性贷款的方式”，破坏非洲的经济发展，增加了非洲的债务，且几乎没有创造出工作机会，警告非洲人民提防这种“新殖民主义”。但实际上，美国政客对于中国在非洲的活动很多看法是不正确的，西方舆论关于中非关系的辩论很少基于确凿的事实之上。

我最初研究中非议题是出于好奇，但我渐渐发现有很多失实的观点和报道，我想把正确的东西说出来。此外，我认为美中关系非常重要，但这应该建立在事实和证据之上，而不是被扭曲的实际情况之上。

环球时报：中国企业为非洲当地提供的就业机会如何？

布罗蒂加姆：中国公司正在创造就业机会，在非洲的中国企业有至少3/4的工人来自当地。从商业角度上看这样做有道理。与过去几十年来将工厂迁至中国的美欧企业一样，中国企业现在将自己的制造业外包给低成本国家。我一直对中非关系的未来抱乐观态度，并认为其依然是非常有益的、互惠的。

当然，中国公司雇了很多非洲人，但主要是半熟练工人，在技术、管理层面仍是中国人。中国政府为非洲学生提供很多赴华学习奖学金，但没有人对这些学生毕业后的去向做调查。

我建议，中国政府可以提供专门资金，让在非洲的中国企业向这类非洲“海归”提供诸如三个月的实习岗位，这对他们的经历、对中国企业在当地的发展都有好处。

部分非洲国家的领导人想实现工业化，比如卢旺达和埃塞俄比亚。但即使埃塞俄比亚这样的大国，要真正建立一个工业化国家、实现出口也是需要时间的。以中国的深圳为例，经济特区不是在一夜之间实现的，是需要时间的。当日本、韩国、美国和欧洲的制造业成本越来越高时，制造业就转移到了中国大陆。但埃塞俄比亚没有这样的“周边环境”，周边的苏丹、索马里、也门、乍得，情况都不太好。所以对中国公司来说，搬到埃塞俄比亚的前景并没有那么诱人，虽然有一些中国公司在埃塞俄比亚进行生产，但他们的产品主要是在埃塞俄比亚市场上销售，并没有实现出口。

中国的生产成本在增加，不过目前还没出现太多生产转移到非洲的情况。对非洲而言，产业转移是有可能实现的，但现在还为时尚早。不过，对开放的非洲国家而言，窗口机遇期是存在的。

●“巨大”是中国在非洲活动的一个显著特点

环球时报：有人认为中国给非洲的是“掠夺式贷款”，加重了非洲的债务负担，您对此如何看？

布罗蒂加姆： 我和研究团队一直在努力构建中国贷款数据库，初步统计，从 2000 年至 2016 年，中国向非洲国家政府提供的贷款总额累计为 1020 亿美元。如果是“掠夺性贷款”，那意味着有邪恶意图的贷款方会故意引起问题，但目前一些非洲国家虽然出现了债务问题，但我不认为这是贷款方故意为之造成的。

借钱就会带来债务负担，这是经济常识。中国向非洲发放贷款不是问题，重点在于债务如何可持续。中国在非洲的存在和影响越来越大，这也意味着需要承担更大的责任和风险。目前部分非洲国家出现的债务问题，一部分原因是借钱太多，另外加上铜、石油等大宗商品价格不稳，导致这些国家偿债比较难。20 世纪八九十年代，美国向非洲提供贷款遇到过同样的问题，当发现部分非洲国家出现债务危机无法还钱时，美国中止发放贷款。

与美国、日本等国相比，中国在非洲活动的一个显著特点是“巨大”。中国企业对建筑领域很感兴趣，贷款规模很大，用于建设机场、公路、铁路、发电厂和住房等。事实上，中国的贷款正在助力非洲发展。中国的贷款通常利率较低，还款期较长，为非洲严重的基础设施缺口提供资金。在一个逾六亿人无法获得电力的大陆上，40% 的中国贷款用于发电和输电项目，另有 30% 被用于更新非洲摇摇欲坠的运输基础设施，而电力和运输是经济增长的基本条件。

不少人说中国向非洲提供很多援助，但在我看来，中国提供的更多是商业贷款。外界产生这种误解的原因是，美国实际上是在向非洲提供援助的，大家会以为中国在非洲也是这种行事方式。其实，中国在非洲主要是从事商业活动，提供出口信贷。我真心希望中国国家国际发展合作署的成立，可以完善这个运作体系。机构的名称非常重要，因为经济合作和援助是不同的。

● 中国大量买地、运去农民的故事是编造的

环球时报：有一种说法称，中国政府赞助中国企业去非洲购买大量土地，送了很多中国农民去非洲种植粮食，然后再把这些粮食运回中国。您如何看待这种观点？

布罗蒂加姆：我做了学者该做的事，没有散播这些假新闻，而是建立了一个研究项目。约翰·霍普金斯大学和国际食物政策研究所（一个国际性农业研究机构——编者注）的团队整理了一个数据库，包括 57 个案例，内容为传闻中国企业或政府已经收购或在商谈购买大量（超过 500 公顷）非洲农田，如果这些媒体报道全都属实，那将占据非常惊人的 600 万公顷，占非洲总耕地面积的 1%。

我和研究团队花了三年时间追踪每一个案例，从马达加斯加到莫桑比克，从津巴布韦到赞比亚，事实证明，这些故事近 1/3 都是假的，中国企业实际购买的土地总量仅为 24 万公顷，占报道宣称数量的 4%。事实上，非洲目前仍然是食物

短缺地区，需要从亚洲进口粮食。大规模购买土地和中国农民被运往非洲为中国种植粮食的故事，大多是胡编乱造。

环球时报： 中国在非洲能源领域的投资迅速增加，西方不少舆论认为中国在非洲投资的首要目标是资源，是一种"新殖民主义"。您觉得呢？

布罗蒂加姆： 真正的殖民主义非常可怕，因为它意味着在军事和政治上都被外部势力所控制。新殖民主义是一种新的形式，意味着间接控制。例如，有些人会把法国和非洲前殖民地的关系称为新殖民主义，因为他们出口很多原材料到法国，在法国进行加工后再回到非洲。在我看来，并不能把非洲出口原材料再进口成品这样的贸易关系看作"新殖民主义"，因为这没有超越贸易的本质。许多非洲国家没有多样化，没有经历过经济结构转型，基本上仍然是农业和初级产品生产国，所以它们和外界的贸易关系是这样的。

石油和矿产品在中国的非洲活动中的确占重要地位，但能源投资并非中国在非洲投资的最重要领域，我看到了一个全球化而不是殖民化的故事，是一个非洲的故事。就像中国在20世纪70年代开始改革一样，中国以前也出口石油和煤炭原材料，但很快成为"世界工厂"，经济面貌发生翻天覆地的变化。不过，很多非洲国家还没有发生巨大的变化，也没有多样化，仍然在生产原材料。

（摘编自环球网2018年6月22日，原标题为《"中国掠夺非洲"谣言何来》，作者为环球时报驻美国特派记者吴乐珺）

美国媒体：
“一带一路”将引领新的全球化 2.0

在老挝的崇山峻岭中，成群结队的中国工程人员在开挖隧道、修建桥梁，用以支持一条 260 英里长的铁路。这是个耗资 60 亿美元的工程，最终将贯穿八个亚洲国家。在巴基斯坦，中国资金被用来建发电厂，解决当地长期的缺电问题。这是一个 460 亿美元投资计划的一部分。中国规划者在绘制从布达佩斯到贝尔格莱德的铁路线，这是中国商品经过在希腊的一个中资港口进入欧洲的另一条重要通道。在肯尼亚，中国正升级一条从蒙巴萨港口到内罗毕的铁路，它将方便中国商品进入该国市场。肯尼亚政府游说别国未果，而中国在非洲改造破旧基础设施已逾十年……

这些大规模基础设施工程，以及亚、非、欧其他数以百计的项目，形成了中国雄心勃勃的经济和地缘政治计划的支柱。可以说，中国领导人亲自倡导，为本国建筑公司创造新市场，并传输国家主导发展模式，目的是创造深厚的经济联系和强固的外交关系。

被称为"一带一路"的这个倡议，其范围和规模均是现代历史上几无先例的。其基础设施投资有望超过1万亿美元，涵盖60多个国家。为祝贺中国新的全球影响力，2017年5月14日，北京聚集了数十位国家领导人。

这是按中国的条件开展的全球商贸。习近平主席试图利用中国的财富和工业技术创建一种新的全球化。它将摒弃西方所主导的陈旧组织规则，目标是重塑全球经济秩序，将各国和企业更紧密地拉入中国轨道。中国发改委国际合作中心的负责人表示，这是一个长期计划，是当前和今后几代人对中国和全球经济增长的推动。"'一带一路'倡议将引领新的全球化2.0。"中国正在推行一个更加大胆版本的"马歇尔计划"。第二次世界大战后，美国曾向欧洲的盟友提供重建援助。现在中国通过国家支持的投资和贷款，以期在全世界范围赢得新朋友，而且这一次并不附加要求任何军事义务。

中国的"一带一路"倡议，与特朗普的"美国优先"原则形成鲜明对比。当特朗普宣布退出"跨太平洋伙伴关系协定"（TPP）之时，习主席在达沃斯论坛上发言称，搞贸易保护主义就是把自己关在黑暗的房间里。美国及其他在欧洲和亚洲的主要盟友，对中国的这一计划持观望态度，比如澳大利亚以及印度。但任何外国领导人、跨国公司的首席执行官或国际银行家都不可能忽视中国推动重构全球贸易的这种努力。

德国派经济与能源部部长参加"一带一路"国际合作高峰论坛，西方工业巨头，包括通用电力和西门子等派人与会。

特朗普政府也加大了参与"一带一路"倡议的力度。按最初计划，特朗普政府拟派商务部官员埃里克·布兰斯塔德，即将出任美国驻华大使的特里·布兰斯塔德的儿子出席论坛。后来，特朗普决定改派其特别助理、白宫国家安全委员会负责东亚事务的高级主任马修·波廷杰率团出席。这是一个信号，即白宫通过派出高级官员出席“一带一路”国际合作高峰论坛以增进两国关系。

中国行动如此之快、想得如此之大。“一带一路”沿线的每个国家均有各自的比较优势。任何外国领导人、跨国公司高管或国际银行家，都不可能忽视中国重塑全球贸易的努力。作家汤姆·米勒表示，中国的“一带一路”倡议开始带来有用的基础设施，为亚洲和欧洲带来新的贸易路线和更好的互联互通。

（摘编自《环球时报》2017 年 5 月 15 日，本文为美国《纽约时报》2017 年 5 月 14 日文章《透视中国重塑经济秩序的 1 万亿美元计划》，作者为简·帕雷兹等，乔恒译）

第五篇　聚焦中美：

未来的大国关系如何发展

► 中美关系是当今世界最重要的双边关系之一。中美合则两利，斗则两伤，这已为历史和现实所证明。自 2018 年 3 月美国特朗普政府单方面挑起中美贸易争端以来，美国不仅在贸易领域，还在科技领域对中国极限施压。一些美国政客公然鼓吹“中国威胁论”“中美文明冲突”，甚至抛出“美国重建中国”等荒谬论调。此外，在南海与台湾问题上，美国还大做文章。在中美建交 40 年之后，中美两国关系向何处去，牵动着世界的神经。难道中美两国真的会爆发新的冷战，陷入所谓的“修昔底德陷阱”？

［美国］吉米·卡特：
中国没把一分钱浪费在战争上

▲美国前总统吉米·卡特于 2019 年 1 月 18 日在亚特兰大卡特中心出席纪念中美建交 40 周年国际研讨会（中新社 / 供图）

“特朗普罕见地给其为数不多的前任打电话，谈论中国”，据美国有线电视新闻网（CNN）2019 年 4 月 15 日报道，白宫当天证实，特朗普总统周末给美国前总统吉米·卡特打电话，谈论了正在进行的美中贸易谈判等一系列问题。14 日，卡特透露，特朗普在两人的通话中对“中国正超越我们”感到不安。报道称，卡特在任期间美国与中国正式建交，2019 年 1

月他曾给特朗普写信，建议成立一个由六人组成的专家小组，在幕后协助改善与中国的关系。

据报道，白宫15日发表声明称，前总统卡特给特朗普写了一封“美丽的来信”后，两人在刚过去的周末“就特朗普总统的对华贸易立场及众多其他主题进行了一场非常好的电话交流”，“总统（特朗普）一直喜欢卡特总统和第一夫人罗萨琳·卡特，并代表美国人民表达对他们的最良好祝愿”。

据亚特兰大广播电台WABE报道，2019年3月，94岁的卡特超越2018年底去世的前总统老布什，成为美国迄今最长寿的总统。正是在卡特仅有的一届总统任期内，美中关系实现具有里程碑意义的正常化。

他在4月14日在家乡一所学校上课时，谈到了与特朗普的通话。他表示，在2019年1月举行的一场纪念美中关系正常化40周年的活动上，他起草了一封信，建议特朗普召集几位非正式但“受人尊敬”的中国问题顾问协助他。

卡特对听众表示，特朗普在电话中说，他感到中国“正在走到我们的前面”。卡特表示认同特朗普的说法但并不担心，他对特朗普说：“你知道原因吗？我在1979年使对华外交关系实现正常化。你知道从那以后中国发动了几次战争吗？零。而我们一直在打仗。”卡特表示，美国在242年的建国历史中仅有16年没有打仗，堪称“世界历史上最好战的国家”，“因为美国总是想迫使其他人采用美国的原则”。他说，美国浪费了三万亿美元在军费开支上，“而中国没有将一分钱浪费在战争上，这就是他们在各个方面正走在我们前面的原因。如果拿出这三万亿美元用于美国的基础设施建设，我们将拥有高速铁路、不垮塌的桥梁、良好维护的道路，还能剩下两万亿美元”。卡特说，相比之下，因为没有战争，中国得以投资基础设施和教育体系。中国已经拥有 1.8 万英里的高铁，“我们拥有多长的高铁？”卡特问。听众们回答：“零。”“我并不是将我的国家与中国进行不利的对比，只是因为恰好昨晚（特朗普）打来电话，我才指出这一点。”卡特补充道。

《华盛顿观察家报》15 日称，就目前所知，这是特朗普首次就具体政策事务与一位前任总统接触。报道称，众所周知，特朗普与其他美国前总统乃至其配偶的关系向来“冰冷”，他不但经常责骂前第一夫人、前国务卿、在 2016 年大选中成为其手下败将的民主党对手希拉里，有时也不放过其丈夫、前总统克林顿。就在前两天，前第一夫人米歇尔·奥巴马还表示，美国已成为一个“来自破裂家庭”的孩子，而特朗普扮演了“离婚爸爸”的角色。

美国有线电视新闻网（CNN）称，这是两位“总统俱乐部”成员之间的首次电话通话，自上任以来，特朗普与卡特之间的关系比与任何其他前任的关系更热络。卡特曾在众多事务上支持特朗普，尤其是在与朝鲜对话问题上。《华盛顿观察家报》称，特朗普与卡特之间的关系可追溯至后者的白宫岁月。1980 年卡特在谋求连任但最终败给里根的大选期间，当时已成为纽约著名地产开发商的特朗普向卡特提供了当时允许的最大金额的竞选献金。

卡特于 1977 年至 1981 年担任美国总统，卸任后致力于推动中美关系友好发展。2019 年 1 月，他接受美国媒体采访时就中美贸易摩擦表示，“我认为从长远来看，美国人民会发现，与中国好好相处对我们自身的繁荣、我们自身的和平与美好的生活至关重要”。

（摘编自环球网 2019 年 4 月 17 日，原标题为《特朗普请教为何被中国超越，卡特：中国没把一分钱浪费在战争上！》，作者为环球时报驻美国特约记者萧强、环球时报特约记者王会聪）

［美国］史蒂芬·罗奇：
美国真正的问题不是中国

▲史蒂芬·罗奇（中新社　王辰/摄）

美国耶鲁大学杰克逊全球事务研究所高级研究员史蒂芬·罗奇，曾担任摩根士丹利亚洲区主席、首席经济学家，被认为是华尔街最有影响力、最了解中国的经济学家之一。在美国公布301调查报告、挑起贸易摩擦的一年多来，罗奇接连撰写了《“致命”纳瓦罗或将“致命美国”》《相互依赖的中美贸易战》《中美经济黏合剂因“猜疑”而生变》《把中国当反派，美国人应先照照镜子》等文章，剖析美国经济赤字的问题根源，并得出结论：美国政府对中国的一系列指责是站不住脚的。2019 年 7 月，在耶鲁北京中心，就外界关切的中美关系系列话题，罗奇对环球时报记者一一作答。在专访中，他还特别表达了对中国经济未来的信心。

● “30 年前，我们指责日本，今天，我们怪罪中国”

环球时报： 您此前曾说过，将所有问题归咎于中国已经成为美国共和党与民主党两党的共识，“中国威胁论”似乎成了万能的靶子。那么，是什么样的力量推动了这种现象的形成？

史蒂芬·罗奇： 我认为其中的原因主要是政治性的。过去 25 年来，美国社会的不同阶层之间存在巨大鸿沟，随着机会减少和收入不平等的扩大，背负沉重生活压力的工人及其家庭要求政治领导人解决这些问题。而无论是民主党人还是共和党人，都发现将责任归咎于他人是一个再容易不过的选择。

事实上，我们很久以前就开始这么做了。30 年前，我们指责日本，今天，我们怪罪中国，并且都将贸易逆差作为指责理由。20 世纪 80 年代初，美国刚刚摆脱严重的经济衰退，制造业仍极度疲弱，贸易逆差急剧扩大，美国对日本的贸易赤字一度占总赤字的 42%。因此，我们责怪日本抢走了美国制造业工人的工作。我们带着一批工业国家对日本施压，迫使其重新评估日元。在 1985 年签订的《广场协议》中，日本同意美国的要求，犯下了一系列可怕的错误。从那以后，日本的经济增长开始陷入停滞。

30 年后，美国的贸易逆差再次激增。2018 年，美国货物贸易逆差的 48% 来自中国，因此我们将矛头指向中国。但被人们忽略的是，双边贸易逆差并不是衡量经济状况的合适指标，对美国而言，真正的问题是国内储蓄的匮乏。

当我们向耶鲁大学或任何其他大学的本科生讲授经济学时，都会如此解释：如果你不存钱却想保持增长，就必须引入国外过剩的储蓄，这会导致大量的经常账户和多边贸易赤字。2018 年，美国与 102 个国家存在贸易逆差，中国是其中逆差最大的国家，因此成为美国推脱责任的目标。

环球时报：假设中国真的大量减少对美国的贸易顺差，美国经济真的能如特朗普总统所言，变得“再次伟大”吗？

史蒂芬·罗奇：美国同许多国家存在贸易赤字，但这并不说明所有国家都在欺骗美国，而是反映了美国国内的低储蓄率问题。

假设与中国的巨大贸易逆差不再存在，但美国依然没有解决储蓄问题，对华贸易逆差就会分散到其他国家。这些国家的生产成本通常比中国更高，从它们那里进口商品，相当于对美国消费者变相征税。因此，这不会使美国“再次伟大”，反而会让美国变得更糟。

环球时报：中美经贸摩擦似乎有扩大化趋势，以华为、中兴、大疆等为代表的中国科技公司正遭受来自美国的压力。您如何看待美国试图挑起与中国的科技战？

史蒂芬·罗奇：美国认为中国试图主导未来产业。如果中国成功占据主导地位，无论是人工智能、金融科技、健康科学还是电子商务，美国未来的繁荣都将面临风险。我们正在将技术与创新之争视为对我们自身繁荣的重大威胁。对美国现政府、国会和普通民众来说，确保我们未来的经济安全非常重要，这导致华为、中兴和其他中国公司被列入所谓的“实体清单”。

美国不仅使用关税手段，还通过对个别公司的制裁来确保我们经济的未来。但问题是，这样做是否合适？我很担心我们犯下这样的错误：指责别人，而非仔细审视自己的行为，以维持领导能力。

我们在 5G 领域看到了华为公司与中国的领先地位，这是因为他们投资了 5G，但美国忽视了。这是中国的错吗？为什么美国不投资 5G？这其实是一个很重要的问题，但我们宁愿限制华为，然后回过身面对我们没能投资于如此关键的新兴技术的不幸事实。这究竟是华为的错，还是我们的错？

环球时报：面对墨西哥、欧盟、印度和中国，加征关税似乎成了这届美国政府最有力的武器。作为唯一的超级大国和最大经济体，美国频繁动用关税手段会对全球经贸格局产生什么影响？

史蒂芬·罗奇：加征关税是一个巨大错误，关税不是好东西。特朗普总统认为，关税是他交易艺术的一部分，但实际上关税已经成为“经济霸凌”的工具。关税提高了贸易成本，使得全球化的进程被逆转，最终会损害从自由贸易中受益的消费者。

1930 年 5 月，美国《纽约时报》头版刊登了一封公开信。这封信有 1000 多名美国主流经济学家签名，他们敦促时任美国总统赫伯特·胡佛不要签署国会刚刚通过的斯姆特—霍利关税法案，但胡佛忽视了专家们的意见，依然签署该法案。法案规定的关税生效后，美国经济陷入大萧条，并且导致全球贸易从 1929 年至 1932 年下降了 60%。

目前的关税还未引起大萧条，但它们会使情况变得更糟。因此，关税不是解决国家间问题的最佳方式，关税带来的伤害往往需要很长时间才能恢复。特朗普自以为高明的“交易艺术”是种错误做法，我们更需要妥协的智慧。特朗普认为，通过向墨西哥、欧盟、加拿大和中国施压，这些国家就会给予他想要的东西，但这其实并不是实施经济政策的正当方式。

环球时报：在近日撰写的文章中，您曾经提到中国面对贸易摩擦的经济韧性以及中国不会陷入中等收入陷阱。您对中国经济的信心主要来自什么？

史蒂芬·罗奇：我不否认中国经济仍面临下行压力，但中国政府可以通过货币和财政政策及基建投入来支撑经济。

尽管中国仍面临来自全球经济的下行压力和美国加征关税的影响，但从长远来看，我对中国经济是乐观的，因为中国正确认识到其正处在改变自己经济增长模式的关键时刻。中国的经济正从出口投资拉动转向国内消费拉动，正从制造业向服务业转型，更重要的是，中国正依靠自主创新的重要技术来发展经济。这些变化对中国而言至关重要，中国在这些转型中取得了良好成果。

从根本上讲，我对中国经济的中长期增长持有非常乐观的态度，我可能比任何美国人都更乐观。

关于中国，西方构建的“虚假叙事”不止一个

环球时报：美国官员和美国舆论对中国经济发展模式有不少批评，让人觉得似乎只有美国的模式才是最好的，且放之四海而皆准。您的观点是？

史蒂芬·罗奇：中国必须走自己的道路，复制其他国家的模式没有意义。中国的经济发展模式是从本国的经验与历史中逐渐探索出来的。但没有一种模式是完美的，每种模式都需要随着时间的推移而改变，美国也是如此，所以模式都需要适应环境的变化。

这只是一些辩论的一方面。在美国还有一种观点称，中国在2001年同意加入世界贸易组织（WTO）时承诺将复制美国的经济模式。我查看过中国签署的加入WTO协议文本，根本没有类似内容，这只是另一个西方构建的虚假叙事。

环球时报：您是否认为现在已经到了中美必须重建经贸关系甚至双边关系的时刻？如果是的话，这种新关系会有哪些主要特点？

史蒂芬·罗奇：提出解决方案要比冲突好得多，但我认为现有的框架需要更多创造性。

我认为，新的美中关系框架需要具备四个关键方面。第一，两国应更多地开放市场，最好的方法是达成双边投资协

定。第二，两国作出承诺，进行缩小储蓄差距的宏观经济调整。中国需要减少储蓄，美国则需要增加储蓄，否则美国只能通过减少预算赤字来节省资金。第三，关于网络安全问题。网络安全是一个多边国际问题，美国和中国需要率先制定全球网络安全协议。第四，两国的对话方式需要创新。我们需要一个永久性组织，一个由美中专家组成的秘书处，在共同感兴趣的领域开展工作，进行联合研究和数据共享，以解决共同的经济问题。

（摘编自《环球时报》2019 年 7 月 24 日，原标题为《专访美国著名经济学家史蒂芬·罗奇：美国真正的问题不是中国》，作者为环球时报记者赵觉珵、胡雨薇）

[美国] 方大为：
贸易摩擦必须结束，不管谁当总统

▲美国布什美中关系基金会总裁方大为
(《环球时报》/ 供图)

中美经贸磋商一波三折，每一次变化都牵动着全球的目光。而在中美问题专家眼中，经贸只是两国关系中的一部分，全球最大的两个经济体之间竞争加剧的原因以及美国现政府与中国打交道的方式，更值得反思。方大为（David J. Firestein）是美国得克萨斯大学奥斯汀分校中国公共政策中心创始执行主任、布什美中关系基金会总裁，他于1984年首次踏上中国土地，后曾专门到中国研究黄河，并在美国驻华大使馆任过职。近日，他在接受环球时报记者专访时表示，美国目前的对华贸易政策大多缺乏内在逻辑，他相信，不管特朗普能否连任，2020年贸易摩擦都将结束。

● 美国正从多个可衡量的方面感受到失败

环球时报： 不久前中美双方才恢复贸易谈判，但本月初美国突然宣布将对剩余的3000亿美元中国商品加征关税，后又将中国列为汇率操纵国。中美之间的贸易摩擦会扩大为货币战吗？

方大为： 特朗普总统似乎是在假设他可以通过向中国施加一定程度的压力，来迫使中国的行为发生重大改变，使中国在谈判桌上处于弱势地位，从而给自己参加2020年大选加分。但根据我的判断，这些假设都是错误的。特朗普的做法显然无法实现其既定目标。

美国政府目前的对华贸易政策大多没有内在经济逻辑。美国民主和共和两党的经济学家都同意这一点。美国当前的对华贸易政策纯粹建立在意识形态和政治考量之上，缺陷很明显。这也说明了为什么在过去18个月里，美国的政策和立场经常变来变去，飘忽不定。特朗普的看法和政策常常在一周甚至一天内发生变化。

我不认为贸易摩擦或关税争端正在变成货币战。值得我们更加重视的是，贸易摩擦本身反映了一些华盛顿精英深层次和意识形态上的担忧，即担心美国相比中国竞争力在下降。

贸易摩擦并不是中美关系的根本问题，而是一个更大担忧出现的征兆。

环球时报：美国领导人常将美国描述成最终会赢得贸易摩擦的一方。美国真的正在从贸易摩擦中获益吗？您怎么看贸易摩擦对美国和美国人民的影响？

方大为：当前美国的对华政策正在多个可衡量的方面给美国带来失败。在特朗普任职总统期间，美国对华贸易逆差升至历史新高，美国整体外贸逆差达到美国建国 243 年来的最高点，美国股市走软，美国人实际上正在缴更多的税。据估计，特朗普发起的增加对华关税已经让美国家庭每年的平均开支比 2017 年增加了 800 美元。成本增加，中国需求减少，美国企业、工人、农民都已经开始感受由此带来的更多的痛。

美中都不是贸易摩擦赢家。从我前面所说的可以很明显看出美国正在承受结果。特朗普政府关税政策的无知显而易见。事实上，特朗普对中国说的是：我将对自己的人民征税，阻碍经济增长，破坏股市，放弃数十亿美元的财富，直到你按我说的做。

这不是一个成功的策略。这就是为什么美国商界绝大多数人都反对特朗普的关税政策。很多美国专家认为，美中贸易关系确实存在严重问题，最大的问题是贸易关系整体上不均衡，更有利于中国。但很少有美国人认同特朗普总统为解决这些问题而开出的处方。

● “关税总统”还是连任总统，只能选其一

环球时报：2020年大选将对贸易摩擦以及中美关系产生何种影响？

方大为：我想谈两点。第一，特朗普面临一个战略选择，他可以做“关税总统”，也可以做一个连任的总统，但他不能两者兼得。如果他继续当前的政策，会失去一些支持，而这些失去的选票，比如在宾夕法尼亚州和密歇根州这些地方，将使他输掉选举。为了赢得连任，特朗普必须结束贸易摩擦，而且必须在2020年夏天之前结束。

第二，我想说，跟以往大选会刺激美国对华政治话语不同，2020年大选可能会对美国对华政治话语起缓和作用。至少迄今为止，中国还不是大选的主要因素。特朗普政府把中国看作敌人，把关税当作对美中贸易关系中存在的实际问题的补救措施，但很少有民主党人透过特朗普政府的棱镜看中国，并认同这些做法。

2020年大选会迫使特朗普调整他“伤害美国优先”的对华贸易政策。否则，民主党会轻松地从诸如亲商业辩论中获得政治加分——如果他们足够聪明地意识到这一点的话。基于这些以及其他原因，跟过去几年的动态相比，2020年大选可能会使美国的对华话语变得温和、缓和。

环球时报：历史学家尼尔·弗格森认为，美国对华强硬立场和中美贸易问题已引起公众对进入“第二次冷战”初级阶段的警觉，

新冷战是否已隐约出现？

方大为： 很多评论家在描述美中目前的关系和动态时用“冷战”作比，这并不奇怪。目前的美中双边关系动态中存在一些冷战元素，最值得注意的是美国对华零和心态，中国被认为也持类似立场。但大多数定义美苏冷战的特征在美中关系中都没有。

最大的不同之处是：第一，缺乏相当程度的整体军事敌意和力量大致均衡的两个军事联盟；第二，美中两个经济体相互高度交织，即使贸易摩擦已持续18个月；第三，在近两年美国媒体和政治精英一直把中国塑造为敌人的情况下，美国对华舆论仍比20世纪80年代末之前对苏联的舆论要好得多。

美中在很多方面进行着激烈竞争，尽管这是个充满挑战的时刻，但这不是一场冷战，也不会变成冷战。

“修昔底德陷阱”已过时，只剩下纯粹的学术讨论

环球时报： 为什么美国对中国的崛起如此焦虑？“修昔底德陷阱”真的避不开？

方大为： 美国对中国崛起的主要担忧是：在一些美国人看来，中国是世界上唯一有能力并且可能有意图（从美国一些人的视角看）改变美国生活方式的国家。这个星球上没有其他国家拥有这种能力。这就是为什么一些认识到中国能力和不相信中国意图的美国人，会对中国的持续发展和崛起感到恐慌。

在我看来，美中不会注定成为朋友或敌人。两国关系取决于我们对对方的假设和我们的选择。如果美国将中国视为敌人，或者更糟糕地主动把中国变成了敌人，这将是美国历史上最大和最悲惨的战略错误之一。

美中两国现在以及在可以预见的将来，一直会是强劲的竞争对手。但就像我一直以来公开说的，美中不是敌人。我希望双方的领导层明白这一点，并采取相应行动。至于“修昔底德陷阱”一说，由于核武器的出现和核威慑原则，自1945年以来没有记录在案的相关案例。当今世界，可以被描述为守成大国或者崛起大国的都是拥有核武器的国家，因此，核武器已经使所谓的“修昔底德陷阱”过时，变成了纯粹的学术讨论。

环球时报：有人说美国的“红色恐慌”正在重现，您的看法是什么？

方大为：我不认为“红色恐慌”或“麦卡锡主义2.0”正在重塑美国，但这种心态正在以包括我在内的一些美国人震惊和担忧的方式，使美国放弃有限政府原则、市场经济、全球化甚至比较优势概念。

特朗普政府及其意识形态盟友正在呼吁对人文交流、学术交流加强控制，这与现代美国所有过去的实践相背离。不论这届政府任期多长，如果这种趋势在特朗普政府之后仍然存在，那么就有可能重塑美国，但现在还没有。特朗普政府的对华政策和经济政策给美国造成了相当大的破坏，但不是不可逆转的。

环球时报：一些美国鹰派主张将中国视为敌人，遏制中国发展，温和理性的声音能否帮助双边关系恢复健康发展？

方大为：当前在美国存在一场关于美中关系的战争。将中国看作美国的敌人并就这个话题塑造话语的人其实很少，但他们的声音很大。而在“麦卡锡主义”氛围下，温和的声音，比如支持对华接触的力量中，愿意承担风险、公开叫板美国政府当前无知和自我毁灭的对华政策者相对较少，从而使得支持“中国是敌人”的人数看起来比实际多得多，而数量更多、更温和地认为“我们需要与中国一起工作”的人，看起来比实际少得多。

大多数美国人认为中国不是敌人，在评价美国对华态度时，这一点常常被忽略。在美国，沉默的大多数仍然把中国视为未来美国的重要利益相关者，是美国在一系列问题包括贸易上不可或缺的伙伴。

作为很重要的一部分选民，美国商界人士认为特朗普政府的对华政策正在危险地偏离正轨。由于特朗普政府适得其反和自我毁灭的政策带来的损害愈发明显，关于中国辩论的内容将会发生变化，温和的声音将占更大分量。

平息贸易摩擦的方式不是经济的，而是政治的。我相信美国的政治进程将在 2020 年以某种方式促成解决方案。不管特朗普能否连任，2020 年贸易摩擦将结束。随着时间推移，

> 美中双边关系将恢复到某种程度的正常状态，不是出于任何一方的利他主义，而是出于必要性，或者说，是因为两国人民的共同需要。

（摘编自《环球时报》2019年8月15日，原标题为《专访老布什美中关系基金会总裁：贸易战明年结束，不管谁当总统》，作者为环球时报记者于金翠）

[美国]罗伯特·基欧汉：
中国崛起势必带来冲突？错！

“世界政治经济中的相互依赖不断加深”“跨国关系深度介入世界政治”“相互依赖条件下的世界政治是制度化的”……这些都是美国著名学者罗伯特·基欧汉的国际关系理论核心思想。他是新自由制度主义的最主要奠基人，其理论对于当今世界具有很强的现实解释意义。在过去一年，美国的政策选择大大加深了各方对未来不确定性的担忧。从“美国优先”的逻辑出发，特朗普政府收紧移民政策，并加速从多边平台后撤，国际合作机制感受到一股明显的压力。“美国优先”的国内根源是什么？如何看待中国在全球治理中的崛起态势？2018 年 1 月，环球时报记者就这些问题对基欧汉进行了专访。

● 谈美国——即使目前白宫智识较高的官员，依然没有意识到多边机构的重要性

环球时报：过去这一年，全球治理领域最大的特点是什么？

基欧汉：2017 年，全球治理领域表现出的最大特点是多重国际机制因为美国政策的调整感受到压力。特朗普政府的政策选择没有意识到，尽管国际政治存在无序的一面，有着不同利益诉求，以及每个国家基于自己对国家利益的理解而行事，但是各国采取合作的机会依然广泛存在，国际政治不是一个零和游戏。麦克马斯特（美国总统国家安全事务助理）和加里·科恩（白宫国家经济委员会主任）被认为是当前美国政府中智识较高的官员，就连他们也在《华尔街日报》上撰文提出，这个世界不是一个共同体，而是一个各方在经贸等多重领域竞争以求胜的世界。

我认为这样的观点是错误的。尽管价值观差异在当今世界十分明显，但如果我们从“世界社会”的视角看问题，就会发现存在很多各方合作的机会，而多边国际机构对于这样的国际合作是必不可少的。这些机构使合作更便捷，政策承诺更具可信度，且能够监督政策的执行过程。不幸的是，在过去这一年，美国政府并没有意识到这一点。

环球时报：国际秩序哪些方面由于美国的政策选择遭受了最明显的冲击？

基欧汉：这可以列出一个长长的名单。首先，美国的领导力、全球影响力遭受了最大损失；其次，美国不再支持的国际机构遭遇明显的冲击，要知道，维持一个国际多边机构正常运转从来都不是简单的事；最后，其他国家对美国会采取负责任的政策的预期改变了。此前因为有这种预期，所以许多国家尽管会在某些时候不支持美国的某项具体政策，但总体而言会支持美国的外交议程，现在这一切都改变了。

环球时报：此前您在《外交》杂志发表的文章中提到，特朗普政府的“美国优先”有着深厚的国内根源。能否谈谈这一点？

基欧汉：那篇文章更多是对过往美国政府的批评，包括奥巴马、小布什政府等。整体而言，那几届政府意识到国际合作的重要性，它们采取的许多政策对世界上不少国家是有好处的，但它们没有对相关外交政策带给国内分配问题的影响予以足够的考虑——这些政策不是总能给美国工薪阶层带来好处。

环球时报：然而，在不少国家普遍存在一种看法，即现有的国际秩序对美国最有利，因为美国在几乎所有问题上都有最大的发言权。

基欧汉：这取决于如何界定“美国”。美国并不是一个单一的行为体。美国帮助建立的这个世界秩序，很明显是对美国企业有利的。

有关全球化给世界分配问题带来的影响，经济学家布兰科·米兰诺维奇绘制的“大象图”可以说是最著名的一项研究（其揭示了全球收入不平等的现象——编者注）。客观看，全球化最大的受益者是中国、印度、巴西、越南等发展中国家的普通民众，因为全球层面的不平等性大大下降。但与此同时，“大象图”的顶端告诉我们，世界上最富有的群体的财富也在全球化过程中出现明显上涨，这就包括美国的精英阶层，尤其是企业。然而，美国中下层群体的境况相比30年前没有明显改善、甚至有所下降。当这个群体投票时，他们是在投票反对他们所见的这个体系。在这一点上，他们是正确的。所以，今天讨论全球化影响时，不应简单地说“美国”。

● 谈中国——从亚投行看守成大国放弃主导地位之难

环球时报：如何看待中国在全球治理中的崛起态势？

基欧汉：我同意约瑟夫·奈对格雷厄姆·艾利森（两位都是哈佛大学学者，前者曾提出“软实力”的概念——编者注）对“修昔底德陷阱”理论提出的批判。一个新兴大国的出现势必带来一些压力，需要新的调整，但认为这必将带来冲突，却是一个愚蠢的观点。这种观点看到一些结构性问题，但我们要做的是直面与处理好这些问题——守成大国和新兴大国都要作出调整。

当然，这种调整是困难的。此前，美国抵制亚投行是一个很能说明问题的例子。在我看来，筹建亚投行是一项非常合理的努力，而且中国将该机构设计为多边机构。美国抵制的态度显然是愚蠢的，这表现在两个层面：第一，亚投行本身是一个富有建设性的项目；第二，美国的抵制计划注定会失败。这一事例足以说明让守成大国放弃主导地位的难度，调整的压力始终存在，但我们需要做的是认清并理解问题，而不是认定冲突不可避免。

过去10年至20年间，中国已明显调整了自身政策，正朝着积极的方向迈进。气候变化是我目前观察最紧密的领域。2014年之前，中国在此问题上更为强调自己是发展中国家、需要先发展等；但2014年11月，中国同奥巴马政府达成的协定说明，其政策改变了。在很多领域，中国都作出了改变，对提供公共产品采取更积极的态度。

当然，政策宣示与政策执行不是一回事，前者成本较低，后者成本较高。德国在气候变化问题上一直扮演领导者角色，但德国在过去几年使用了更多煤炭，排放量也在上升。因此在气候变化问题上，世界将继续关注中国究竟如何执行《巴黎协定》。

● 谈变化——发展中国家实力增强对发达国家有利

环球时报： 中国谈论全球治理时，更强调主权问题。这样的路径是否在政治上更具有可持续性？

基欧汉： 当前各国更关注主权，我个人并不为之感到高兴，但这确实在发生，比如英国“脱欧”就是表现之一。不过即使在过去，我也不认为我们真的会看到一个“世界政府”。各主权国家承认彼此有共同利益，可以采取措施进行协作，以增加各自利益，这是思考世界政治的一种经典范式。着眼未来，世界秩序仍将是主权国家构成的秩序，各国也都会坚持自身主权不容侵害，问题是要在此基础上找到彼此尊重、和平相待的方式。

第二次世界大战后国际秩序的一个突出特点是，没有出现大国间的战争。绝大多数战争是内战，或由内战引起的战争、干涉内战造成的战争，比如越南战争、叙利亚战争等。因此，我们有理由相信，主权不是和平的障碍。真正损害和平的是政权的失败。只要各国持有开放的民族主义，不出现“我优于别人”这类观点，就无须为“主权回归”过于担心。

环球时报： 当前，不仅中国在崛起，发展中国家整体实力都在增强。这是否会给国际秩序带来彻底变化？

基欧汉： 首先，这是一个非常积极的现象。在中国、印度、墨西哥等很多国家，数亿人摆脱了贫困。从这一点看，过去三四十年是人类历史上最伟大的时段。如果这一趋势保持下去，世界上的失败国家将大幅减少。一旦一个国家对自身状况满意，参加战争的意愿就大大下降。从经济上看，这一趋势对发达国家也很有利，因为这将带来巨大市场。就气候变化而言，这意味着巨大挑战。如果发展中国家都重复工业化国家的发展模式，这会给世界带来灾难；若这些国家崛起与有效减排同时实现，这在经济和政治上都将十分有益。

（摘编自《环球时报》2018年1月10日，原标题为《专访美国著名国际关系理论学者罗伯特·基欧汉：中国崛起势必带来冲突？错！》，作者为环球时报驻美国特派记者胡泽曦）

［英国］马丁·雅克：
善于学习的中国必须与众不同

2009年，英国学者马丁·雅克在其著作《当中国统治世界》中，提出一个鲜明观点：世界上实现现代性的方式绝非只有西方模式。那是世界大反思的一年。2016年，他出版新书《大国雄心：一个永不褪色的大国梦》，继续探讨中国未来走向以及会对世界产生的影响。那一年，逆全球化潮流在西方凸显，国际竞争和分化趋势愈加明显。2018年是改革开放40周年，正是改革开放使得中国在过去几十年实现了快速发展，从而成为热门话题，而马丁·雅克在书中提出的观点和思考的问题在当下依然具有强烈的现实意义。10月16日，在英国剑桥大学政治与国际关系学院资深研究员马丁·雅克的家中，环球时报记者对他进行了专访。

● 改革开放其实是一场知识分子革命

环球时报：2018 年是中国改革开放 40 周年。能否简单概括一下改革开放对中国实现翻天覆地变化的作用？

雅　克：我不认为中国的转型始于 1978 年，我认为它始于 1949 年，但毫无疑问，1978 年中国经济开始以非凡的方式起飞，我认为当时的问题在于弄清楚该怎么做。邓小平是个天才，他当时所提出的方针可以说非常激进，他说了两件事：第一，社会主义不是国家和国家计划的代名词，社会主义必须将国家和市场结合起来；第二，中国需要成为世界的一部分，这个世界包括资本主义世界。中国不得不与资本主义世界一起存在并与之竞争，而不仅仅是社会主义世界。

我认为这实际上是一场知识分子革命，它要求一场彻底的反思，并释放出巨大能量，因为它需要有深刻的理解。这个过程开启了中国漫长的转型过程。所以改革开放实际上是一个伟大时刻，1978 年是 20 世纪最重要的年份之一，预示了 21 世纪：中国的转型以及接下来世界的改变。

环球时报：眼下中国已成长为一个真正的大国，但对于中国扩大开放，外部有不同声音，有人视之为机遇，也有人看作威胁，该怎样看待这些声音？

雅　克：1978 年以来的改革开放之所以伟大，是因为中国总是在思考，总是在试验，总是在学习，而且总是在试图解决问题：在中国当时所面临的不断变化的环境中，最佳方式是什么？当时中国对于“去哪里”以及“如何做”有一个大概想法，但没有如何做到的指南，而是“摸着石头过河”。中国人将一套原则与强烈的实用主义相结合。

现在的情形显然更复杂，因为中国的经济规模比之前大了很多倍，对世界的影响也很大，中国在国际国内都需要考虑更多因素。中国与旧的苏联模式和西方都有着截然不同的特点，中国在向西方学习，但中国仍然与西方不同。维持这一点非常重要。我认为，中国成功的原因之一是它能够从不同的地方、不同的经历、不同的传统中吸取不同的元素，然后以一种非常独特的中国方式将它们结合起来。

当然，有些人希望中国应该更像美国，在如今的国际环境下我会反问一句：“真的吗？”从长远看，美国正陷入严重的衰退，国内社会有很大的麻烦，这也是特朗普当选的部分原因。不，中国必须与众不同。中国需要将从西方学习的元素与社会主义和中国传统相结合。

● 现在的美国领导人不了解中国是怎么转型的

环球时报：年初您撰文说，改革开放 40 周年不仅是中国庆祝的时刻，也是全世界反思的良好契机。能否具体说说该反思什么？

雅　克：1978 年的决定带来了叹为观止的经济转型，是一个非常重要、值得研究的事件，这比美国在 19 世纪 60 年代到 1914 年之间的转变要显著得多。然而现在的西方并没有从这些层面来思考 1978 年，因为它们并不真正理解这一点，西方对中国的态度很无知。

我想说，改革开放最初改变了中国，然后从大约 20 世纪 90 年代起，开始改变世界。由于中国的影响，现在的世界与当时的世界截然不同。因此，自 1978 年以来，中国一直是世界上最重要变革的引擎。每个国家都应该了解中国和中国的经验。这不是要说中国是一个楷模，但中国确实是一个值得学习的有趣且重要的范例。很多发展中国家理解这一点，但西方仍然存有偏见，有时候甚至完全否认。

环球时报：就在前不久，美国副总统彭斯在演讲中称“美国重建了中国”。您对这样的说法意外吗？

雅　克：不是很意外。不得不说，包括美国副总统彭斯在内的特朗普政府在很多方面都很无知，他们对美国衰落的反应是重申民族主义，并欺负别的国家。“美国是过去 25 年中国转型的主要原因”，说出这样的话等于告诉我们美国领导人并不了解中国的转型，这显然只是廉价、服务自我的宣传。美国是否为中国崛起作出了贡献？是的，我不否认这一点。但我更想说中国受益于全球化，而这个全球化的形成，美国扮演了关键角色。

环球时报：几十年过去，西方一些人对中国发展之路和政治制度的看法好像仍在原点。是这样吗？

雅　克：我认为美国发生了非常大的政治转变。不仅仅是共和党人，民主党人也转向更加反华的立场。现在的问题是为什么这样，这是中国人自己需要思考的问题。

从 1972 年尼克松访华到约 2010 年之前，美国对中国相对温和。在这一两国关系相对稳定的时期，有两个假设支撑了美国人的对华态度：一是中国的经济崛起永远不会挑战美国的经济霸权，二是中国会变得和西方一样。为什么？因为他们相信，除非你变得更像美国，否则你的经济发展不可持续，政治也不会稳定，因此永远不会真正成功。从 1972 年到 2008 年金融危机爆发，中美关系是不平等的，美国是大国，中国是较小的合作伙伴。

然而到 2010 年左右，人们越来越清楚地发现，上述两个假设是错误的。首先，中国的经济转型在继续其成功之路，2014 年按照购买力平价衡量的国内生产总值超过了美国。其次，很明显中国的政治制度不会变得和美国一样。最后，中国不会接受美国的全球领导，也不会什么事都听命于美国。有两件事很戏剧性：一是 2008 年的西方金融危机，这是自 1931 年以来西方最严重的金融危机，西方突然陷入困境；与此同时，中国并没有陷入困境，崛起仍在继续。这动摇了西方的信心，而美国并没有真正意识到自己已处于衰退状态。特朗普是这种新的不确定性，是焦虑、失望以及愤怒和沮丧情绪日益增强的产物和表达。这从历史视角解释了美国对中国态度的转变。

● “一个时代已经结束”

环球时报：高举“美国优先”大旗，对与其他国家的贸易往来、技术交流和人员往来等构筑起壁垒，美国的举动是否会加剧逆全球化趋势?

雅　克：我绝对认为新自由主义的时代已经结束。当然，这里有很多元素和维度。对于全球化，西方在作出反应。西方的意识形态，即新自由主义处于危机之中，特朗普的上台就是针对性的反应。这一时期西方意识形态的超级全球化或极端全球化已经触底了。

此外，自第二次世界大战结束以来，美国社会整体对自身的看法和定位也已宣告结束。我认为世界不可能简单回归到美国领导的多边主义那个时代，那个时代已经结束。我也不认为我们应该对此感到惊讶。如果你观察更长时期的美国历史，例如从美国独立战争到 1939 年，主要是由美国民族主义和孤立主义主导。而 1945 年之后直到 2016 年特朗普当选期间，美国参与多边机构，打造广泛联盟，并发挥领导作用。这是一段很特殊的时期。

第二次世界大战之前，美国总是考虑自身，很民族主义，在那块大陆上奉行孤立主义，以自己的方式思考。从历史看，美国非常有侵略性，它建立在以奴隶制和战争为基础的暴力之上，比如发动反对印第安人，反对英国、西班牙、墨西哥的战争，一步步扩张。

所以最近一个时期美国发展是一个特殊的时期。特朗普属于古老的传统。他正在反对 1945 年之后的时期，回归过去。他这样做是为了让美国再次变得伟大，使美国成为过去。

当然他不能成功。时代已经发生深刻变化。

我认为特朗普时代不会是短暂的。这个时期可能持续 20 年或 30 年，这是对西方极端全球化的反应。全球化本身不会逆转，但可能会遇到挫折，甚至某些方面发生逆转。与此同时，世界正在发生一场不同的全球化，这就是我所说的中国式全球化，它以“一带一路”倡议为最显著的特征。我们正进入一个更加复杂的时期，将会有一个更加分裂和碎片化的世界。在此背景下，彭斯的演讲非常不祥，措辞像是在冷战中发表的演讲，是对中国的全面攻击和妖魔化。虽然不会和冷战一样，但有一些相似之处。

环球时报：这是否意味着国家治理问题在全球发展到了新的阶段？

雅　克：现在西方显然存在非常严重的政治危机，这是由 2008 年金融危机引发的，导致了对执政精英和管理机构支持的部分解体。在美国，人们选了特朗普；在意大利，人们对这种情况有一种非常种族主义的反应，责怪外国人和移民等；在英国，则是“脱欧”。这是一个非常不稳定的情况，导致新自由主义受到影响。

中国的崛起和西方形成对比，对于理解西方内部危机非常重要。西方非常自信，认为自己是其他人的模板，但那个时代已经结束。发展中国家不再像 20 年前那样，一切朝西方看。

环球时报：几十年来，中国从全球化及多边贸易机制中受益良多，面对如今的形势，您对中国有什么建议？

雅　克：中国领导人目前的关注重点应是如何应对美国的变化，如何做到理解美国的变化，以及怎么同它打交道。我认为，纪念改革开放40周年提醒我们不该忘记一些事情。邓小平的智慧：保持沟通畅通，保持对世界的好奇心，尽可能多地结交朋友。我认为这些依然是好建议。

（摘编自《环球时报》2018年10月19日，原标题为《英国剑桥大学政治与国际关系学院资深研究员马丁·雅克：善于学习的中国必须与众不同》，作者为环球时报驻英国特约记者孙微）

[美国] 史蒂芬·欧伦斯：
三大纽带仍联结中美

▲美中关系全国委员会会长史蒂芬·欧伦斯（《环球时报》/供图）

在不少观察家看来，过去一年多，世界上最大的两个经济体的关系在一个“下行通道”里不断滑落。从经贸到军事，美国不断升级同中国的对抗和竞争。这一切是如何发生的？美国政府为何采取这样的政策？环球时报记者2018年9月就此专访了美中关系全国委员会会长史蒂芬·欧伦斯。欧伦斯是20世纪70年代中美关系正常化的见证者，过去几十年，无论经商还是担任非营利组织负责人，他都与中国有着千丝万缕的联系。

● 中美关系严重退化始于这些事件

环球时报：当下的中美关系令许多人忧心，您是其中之一吗？

欧伦斯：只有睡着的人才会不担心。自 2017 年 12 月以来，我们看到美中关系出现严重退化。这始于白宫发布特朗普任内第一份《国家安全战略报告》，其中中国被贴上美国战略对手的标签，他们声称中国与俄罗斯都是修正主义国家。2018 年 1 月，五角大楼出台《2018 国防战略报告》，列出将用于对抗中国的措施。此后是美国贸易代表办公室出台报告，即 301 报告，其中提出技术转让、关税壁垒、非关税壁垒等许多问题。于是，这导致双方在贸易紧张局势中更加针锋相对。

我们已看到双方相互实施加征关税措施，中国对美国在加征关税上的行动采取回应政策。局势令人不安。或许在未来几天内，我们就将看到美国政府对另外 2000 亿美元的中国输美商品加征关税，此举将非常严重并会导致紧张局势升级。

我们还看到中国被排除在环太军演（RIMPAC）之外，这是引发担忧的原因之一，因为在奥巴马政府后期，无论美中政治关系如何，两国的军事关系都在改善。即便两国之间出现问题，军事关系仍保持在正轨上。但如今，随着中国被排除在环太军演之外，态势已发生改变。据说，中国被排除的原因是美国方面认为中方违背曾经的承诺将南海军事化。

此外，签证问题在恶化。如果你是一名将赴美攻读任何STEM（科学、技术、工程和数学）专业的中国学生，你将不会再被给予五年期签证，你将被给予一年期签证。这又回到近六年前的政策。

我们还看到美国通过将给美中关系带来麻烦的立法——8月13日，特朗普总统签署（2019财年）《国防授权法案》，其中一些条款会令双边关系更紧张。

环球时报：一些分析人士警告说，美中两国或将面临一场危险的新冷战。您认为新冷战发生的可能性有多大？

欧伦斯：中国并非苏联，我认为如果我们两国陷入冷战陷阱，那么对两国政府来说将会很可怕。或许在某些细枝末节方面，美中利益有所不同，但从根本上来说，它们并没有什么区别。

上海的一位母亲与纽约一位母亲，她们的关切真的有区别吗？我认为没区别。纽约的母亲经历过“9・11”，因此她关注恐怖主义问题，上海的母亲也担心恐怖主义；上海的母亲担心经济危机，因为2008年发生的经济危机将使其子女的机会减少，对纽约的母亲来说同样如此。最后，非常重要的一点是气候变化。我认为上海的那位母亲担心海平面上升和洪灾，纽约的母亲也经历过使纽约地铁和街道遭到严重破坏的超级风暴。这些都是人们的担心所在。这些担忧并不冲突，而是互补，对中国人和美国人来说没有区别。

两国的利益在细枝末节方面存在分歧吗？是的。但人民将决定各自政府会采取什么政策。在我看来，美国人民和中国人民都不希望被卷入一场冷战，不希望将数千亿美元用于国防支出，而是希望这些资金被用于帮助人们脱贫、加固基础设施或为子女提供更好的教育。

从短期看，两国关系将面临困难，但从长远看，两国人民的看法将占得上风，美中关系将被视为一种互补而非相互冲突的关系。

● “我并不认同这些观点，但他（特朗普）确实这么认为”

环球时报： 过去一段时间，特朗普总统不断升级与中国冲突的意图何在？

欧伦斯： 特朗普总统认为，从根本上来说，中国偷走了美国的就业岗位，并通过政府补贴、关税及非关税壁垒和不公平的“竞技场”，将这些岗位带到中国，美国因此丧失数以百万计的岗位。

无论人们是否认同这种说法，特朗普总统认为是这样。他想看到其中一些工作岗位重返美国，看到一个公平的竞技场、政府补贴终结、美企知识产权缺乏保护的状况结束、降低关税壁垒，看到中国拥有公平和透明的监管体系。美国贸易代表办公室的 301 报告提及他希望完成的许多事情。特朗普认为，鉴于美国从中国进口的商品远多于中国从美国进口的商品，华盛顿将比中国更能经受得住这种贸易紧张态势。我并不认同这些观点，但他确实这么认为。

环球时报： 中美之间的这种对抗究竟是实力还是意识形态之争？

欧伦斯：这与许多方面有关，你不能说这仅与实力或意识形态有关，中国不是民主国家当然也是态势紧张的原因之一。我们在20世纪80年代与日本处于类似紧张态势之中，但其中存在两种根本不同：日本是美国的盟友，日本是民主国家。因此，当时美国与日本的紧张态势可通过让三菱、丰田、日产等日企在美国建厂、雇用美国人以及限制日本对美出口等措施解决。

对于中国，我担心的是，即便两国化解了贸易紧张局势，我们还将继续面临安全层面的紧张局面，我们将依然无法围绕21世纪的技术开展合作。

我们现在看到美国对中国发展人工智能的担忧。我们应该做的是找到在人工智能领域开展合作的途径，但我们正在做的是在朝着设立两套人工智能生态系统的方向行进——中国一套，美国一套。这意味着每一套都不会比两国通过相互合作打造出的人工智能技术那样好。所以，这些政策走向令人忧虑。两国合作就有机会解决世界问题，各自单干将使我们无法如愿以偿。

环球时报：您曾在2018年6月撰文称，在美国有一些一贯误解中国举动并夸大中国冲击的人。他们在美国战略圈内代表主流观点吗？

欧伦斯：夸大并误解中国行为的人当然存在，并导致美国需要对抗中国这种说法的产生。这是否主流观点并不重要，重要的是有人站出来指出这些误解。

当美国的一个举动在中国被误解时，一个中国人需要指出来。当中国的一个举动在美国被误解时，一个美国人需要指出来。现在，在我们两个国家，站出来发声和批评政府都变得越来越困难。

● 记忆最深刻的是福耀玻璃在美开工厂

环球时报：您是中美从关系正常化到深度交往的见证者，展望未来，有没有值得看好的因素？

欧伦斯：绝对有。有太多因素在推动两国社会走得更近。中美两国关系中有过诸多良好走势。在美国，我一直跟中国留学生交流，要知道，如今在美国有 35 万名中国留学生。不妨考虑一下他们的影响力。他们中一些人将留在美国，一些人将返回中国。如果他们留在美国，他们将帮助美国人了解中国。如果他们回国，他们将帮助中国人了解美国。他们将成为纽带和未来之所在。在中国的美国留学生不够多，但也有 2 万至 2.5 万人。他们将起到同样的作用。

我认为双边投资将会继续。尽管美国外国投资委员会和中国对资本外流的管控都对投资起到限制作用，投资依然非常重要，也是将两国连在一起的纽带。我来中国后，从事的第一份职业是与在中国投资的美国公司打交道。因此，与我一起工作过的人比普通中国人更了解美国。投资不像生意，它更像婚姻。你需要不断努力才能使你的投资成功。正是这种纽带将中美两国连在一起。

过去 15 年，我记忆最深刻的一件事，是看到中国企业福耀玻璃在俄亥俄州开办工厂，一下子有 2500 名美国人进入那家工厂上班。看到中国投资引领并改善当地社区，着实令人振奋。

总的来说，投资纽带、留学生纽带和互补的利益终将把中美两个社会连在一起。当然，这并不意味着我们在短期内不会遇到困难。这种状况还提醒每个关心中美关系的人不能袖手旁观，而是要从我做起，努力改善中美关系。如果你袖手旁观，只想着“让别人来做吧”，那么这就不会变为现实。从中美关系中受益的每个人都需要为之努力。

（摘编自《环球时报》2018 年 9 月 26 日，原标题为《美中关系全国委员会会长专访：三大纽带仍将中美连在一起》，作者为环球时报记者李艾鑫）

［日本］丸川知雄：

中美根本不可能“科技脱钩”

在很多人眼中，美国挑起的对华贸易摩擦如同30多年前的一幕重演——当时由于日本在传统贸易及高新技术发展上让美国感受到威胁，后者展开全方位打压，将日本推入“失去的20年”深渊。不同的是，中美摩擦比日美摩擦要复杂，面对打压，中国的应对也有别于日本。但日本的经历是否可以对中国有所启发？日本业内人士如何看待美国推动对华科技限制？在新的形势下，日本企业发展与中国市场是什么关系？环球时报记者2019年6月就此专访了东京大学社会科学研究所教授丸川知雄。丸川知雄曾任日本亚洲政经学会理事长、中国经济经营学会会长，是知名的“中国通”。

● 贸易摩擦重演——“美中”与“美日”有诸多不同

环球时报：20世纪80年代，日本同美国有过激烈的贸易交锋，这对今天的中国有什么启示？

丸川知雄：当年的日美贸易摩擦，美国并没有（像对中国这样）针对范围如此之广的产品加征25%的关税，当时被视为解决贸易不平衡问题的最主要措施是汇率调整。日本面对的最大压力来自日元升值，从1985年的240日元兑换1美元升到1988年的120日元兑换1美元，导致日本出口至美国的产品价格涨了一倍。

还有一点不同是，美国没有针对个别日本企业采取重大举措，不像今天点名禁止与华为、中兴进行交易。

美国总统特朗普极具个人风格，我认为中国在解决中美经贸摩擦问题上不宜操之过急。这很可能是特朗普为2020年大选而采取的一个策略，即在国内造成和中国"打仗"的印象，以此为自己拉选票。

环球时报：美国政府对华为采取单方面制裁措施会给日本企业带来了什么影响？

丸川知雄：日本企业向华为生产的智能手机等提供零部件的数量连年增加，2018年日本企业总共销售约7000亿日元（100日元约合6.4元人民币）的产品给华为，2019年有望突破8000亿日元。若华为产量下降，大量日本生产的零部件出口难免受到影响。

美国政府排挤华为从两个方面影响到日本：第一，日本企业中有很多华为的供应商，包括索尼、松下电器、东芝、村田制作所等大企业。2019 年 5 月，美国商务部把华为列入有安全担忧的“实体清单”，国外企业使用美国的零部件、材料、软件等投入品生产产品，只要卖给华为同样会受到美国制裁。5 月 23 日发生的松下公司事件凸显日本企业的窘境。那天上午有日本媒体报道松下公司将暂停向华为供货，当天中午松下中国就在网站上发表严正声明，称松下向华为公司供货正常，所谓“断供”等表述均为不实之词。

第二，美国政府要求其同盟国家在通信网络等领域不使用华为等中国企业的产品。日本政府在 2018 年 12 月发出通知要求政府各部门采购通信产品时要“注意信息安全”，还要求民间移动通信、输配电等重要基础设施企业注意信息安全。日本媒体把这些要求解释为日本政府在排挤华为、中兴等中国产品。软银公司表示，其 4G、5G 网络不再使用华为产品；其他两家通信运营商 DoCoMo 和 AU 也没有使用华为、中兴的产品。

华为是世界顶尖 5G 产品供应商，日本通信运营商明白这一点，所以曾和华为做过 5G 网络实验等准备工作。最后因各种各样的因素不能使用华为、中兴的产品，对它们来说是很大损失，对日本开展 5G 业务也是一个巨大障碍。

● 保持上升势头——中国可以“换道超车”

环球时报：随着美国开始限制中国学者和留学生的签证，日本也出现对于中国“偷窃”知识产权的担忧，也有人认为中国学者和留学生将为日本带来全新机遇。处于教育一线的您怎么看这两种声音？

丸川知雄： 据我了解，日本政府没有限制与中国学者交流及接收中国留学生的计划。一般来说，二者均受到日本《出口管理》体制的限制。《出口管理》是指限制有关大量火箭、核武器等杀伤性武器和生物化学武器的技术和产品的转移。但是，该限制不是针对中国的，而是针对所有出口国家。除非涉及国防、武器等敏感领域，否则我认为在人工智能等高新产业领域，日本和中国有很大的合作潜力。

环球时报： 美国推动与中国科技“脱钩”的动作增多，真的能“脱钩”吗？

丸川知雄： 中美根本不可能“脱钩”，技术与学术交流没有国界。数据显示，中美在科技领域的合作最多，日本反而比较孤立，和美国合作的案例远比不上中美。某种程度上，中美是连在一起的，想脱也脱不了。万一真的“脱钩”，带来的负面影响并非波及某些国家，而是将对全人类的科技进步造成巨大打击，这是无论如何都不该发生的事。

环球时报： 从学者的角度看，您如何看待中美经贸摩擦的走向？

丸川知雄： 中美经贸摩擦中，我认为美国排挤华为公司带来的影响最为深刻，除了华为本身，还会影响到包括日本在内的很多其他国家的企业。这会打断国际产业链，滋生“区块经济”，潜在危险性很大。

我认为中方可以把交涉精力主要集中在让美国取消对华

为的制裁上，至少跟2018年的中兴案一样，从禁止与其买卖缓和为罚款等稳妥处置。至于美国对从中国进口的产品加征25%关税的问题，我认为中国制造业可以通过提高生产率和降低成本应对，中方不需要太着急。

环球时报： 美国的举动凸显其对被中国赶超的担心，中国需要怎样应对才能在科技领域继续保持上升势头？

丸川知雄： 科技领域可以细分到方方面面，很难判断谁超过了谁，如果换成经济规模来衡量的话，中国早晚有一天会超过美国。中国人口数量是美国的四倍，只要人均收入达到美国的1/4就能追上美国，因此超过美国是必然。

长期以来美国始终一家独大，面对中国的崛起，可以理解其“害怕”心理。中国可以考虑“换道超车”。中国好比是一辆行驶在高速公路上的大卡车，美国是跑在前面的小轿车，难免担心追尾。具体来说，中国可以尽量避免在某些领域和美国正面冲突，在美国优势不那么突出的领域重点发展其他产业。不光是美国，日本、印度等国都期望在世界上占有独特地位，中国在成为世界强国的同时，也需要树立“大哥”风范，给其他国家留点“蛋糕”，共同促进国际合作，实现真正的双赢或者多赢。

● 想再次登顶——日企应积极挑战中国市场

环球时报： 有声音认为，NEC、松下等日企从3G时代开始落后，若不与中国企业同行，5G时代会很难。您觉得呢？

丸川知雄：松下基本上已退出移动通信领域，不再是华为的同行，而是其合作伙伴。NEC 和富士通可以说是华为的竞争对手。它们在 20 世纪 90 年代领先华为、中兴，但现在已无法与华为相提并论。据报道，DoCoMo 将与 NEC 在日本构建 5G 网络，但我怀疑 NEC 是否有单独承担该业务的能力。如果不与中国企业同行，我估计它们必须依靠诺基亚或爱立信帮助才能建立 5G 网络。

环球时报：日企是否还有重新登顶的可能？将在多大程度上依赖中国市场？

丸川知雄：我想日本还有很多世界一流企业，比如丰田、东丽、日本电产、村田制作所等。我认为，攻下中国市场是成为世界一流企业的一个很重要的跳板，但也不能说是绝对的前提条件。当然，攻下外国市场却是必要条件，只在日本国内活动是不行的。

日本民众的消费行为普遍较保守，接受新品牌、新产品、新服务的速度比较慢，日本市场很难产生新兴企业。中国人反而对新鲜事物比较好奇，容易接受新产品。所以，我认为日本企业应该早点挑战中国市场，有些在日本市场发展不起来的企业有可能在中国市场获得成功。

环球时报：但关于日企退出中国的报道不时出现，实际情况是怎样的？

丸川知雄：日本企业并没有大规模退出中国市场，有些撤回到日本国内是因为自身的经营策略或者方向的调整。对于主要从事出口贸易的公司来说，受人工成本上涨等影响，在中国的优势显然不如从前，将工厂搬迁到东南亚国家是自然而然的事情。

近年来，中国的高科技产业得到快速发展，因此有些劳动密集型的产业选择离开无可厚非。

环球时报：本次 G20 大阪峰会设置了数字经济议题。据您观察，中国为世界数字产业作出了什么贡献？中日如何在这一领域进行合作？

丸川知雄：中国企业对全球数字经济的进步作出很大贡献。例如，电商、社交网络、手机支付、网络支付、人脸识别、无人机等方面，中国是世界领先的。此外，中国企业通过对外投资与合作把这些数字服务推广到其他国家。日本和中国也开始了合作，比如 Line Pay 和微信支付的合作就是一例。

中国在数字经济领域发展迅速，一定程度上得益于“后发优势”，即相较该行业的先进入企业，后进入者可以通过观察分析来减少自身面临的不确定性。以电商为例，由于日本的传统行业过于发达，反而成为发展电商的障碍，而中国则因为传统行业没有那么发达，所以电商的普及快于发达国家。

（摘编自《环球时报》2019 年 6 月 28 日，原标题为《专访东京大学教授丸川知雄：中美根本不可能“科技脱钩”》，作者为环球时报赴日本特派记者邢晓婧）

［美国］文安立：

中美“冷战 2.0”是无稽之谈

▲冷战史权威、哈佛大学肯尼迪政府学院教授文安立（《环球时报》/ 供图）

“对于很多人所称的‘新冷战’，或‘冷战 2.0’‘冷战 3.0’，我的回答是：无稽之谈。”2019 年 4 月，哈佛大学肯尼迪政府学院教授文安立（Odd Arne Westad）在接受《环球时报》记者专访时如是说。过去一年，许多人对历尽波折的中美关系作出类似“中美濒临新冷战”的论断，即使随时可能瓜熟蒂落的贸易谈判也没能让类似讨论热度下降，但作为世界冷战史和当代东亚史研究权威的文安立不这么看。在专访中，文安立从历史的视角审视了当下的国际格局及中美关系，他认为，现在的格局更像 19 世纪末，即多个大国强国在同一个国际体系中争夺权力与影响力。对于中美关系，他希望“两国可能达成的贸易协定能成为一个起点，让两国向前迈出重要一步”。

● 贸易协定是个好的开始，但不足以让两个大国团结起来

环球时报：有人认为中美“正处于‘新冷战’的边缘”，甚至“新冷战”已经开始。作为冷战史专家，您怎么看？

文安立：对于很多人所称的“新冷战”，或“冷战 2.0”“冷战 3.0”，我的回答是：无稽之谈。冷战的一系列特殊国际环境，与当前的中美局势几乎没有任何相同之处。考虑到核武器等战略因素，尽管今天局势的危险性未必比冷战低，但很难想象美中会像冷战时的美苏一样对全球秩序产生那样规模的影响。

现在的美中关系和冷战时的美苏关系存在两个非常大的区别。首先是当今世界的多极化程度，其次是意识形态竞争烈度已大幅下降。美中有很多不同，但两国都在同一个全球经济体系中发挥作用。当年苏联和美国并非如此，苏联被排除在当时的全球经济体系之外。

如果现在发生的不是“新冷战”，那是什么呢？我认为，现在的局面有些像 19 世纪末，即多个大国在同一个国际体系中争夺权力与影响力，问题的关键是这一竞争究竟会以什么方式进行。

环球时报： 中美关系将会朝什么方向发展？有人认为两国关系“十年内都不会好转”。

文安立： 在历史上绝大部分时间，大国之间都存在竞争，这很正常，问题是以何种方式来竞争。现在美中两国在许多问题上意见不一致，但在另外很多问题上有共识。

美中关系确实需要一些突破，我希望两国可能达成的贸易协定能成为一个起点，让两国向前迈出重要一步。不过，仅仅如此恐怕不足以把两个大国团结起来，它们还需要在国际事务中有一些更实质性、更具体的合作，需要有一些更具战略性的东西。

在这一层面，我期待朝鲜半岛问题在某种程度上的解决可以发挥作用。倘若半岛问题无法解决，我会非常担心这会成为导致美中进一步分裂的导火索。所以，朝鲜半岛现在像是一把钥匙，可以打开许多通向其他事情的大门。

环球时报： 美国近来不断打击中国科技企业，冷战会在一两个特定领域展开吗？

文安立： 这不是冷战，而是另一种类型的大国竞争。我想到的是 20 世纪七八十年代的美日关系。美日因地缘政治而结盟，故而美国需小心对待日本公司的扩张，但他们对日本尤其是日本企业仍然抱有非常对抗性的态度，而这恰恰是美国和中国正在发生的事情。

●“重回 19 世纪末”——这是一个大国竞争的时代

环球时报： 19 世纪末的格局在 21 世纪“重现”，到底会是什么样子？

文安立： 我认为这将是多个大国互相作用的局面，它们之间会结成联盟，但本质上依然是各自独立。事实上，这一景象正在全球范围内出现，而且范围比 19 世纪末广泛得多。

地区主义将是理解未来局势发展走向的一把关键钥匙。未来南美、南亚和东亚等范围较大的区域可能会越来越“棘手”，因为这些区域的国家将沿着各自的方向发展，而不是过去有美国作为主导力量存在时那样。

2017 年，美国国家情报委员会发布一份《全球趋势》报告，阐述 20 年后的世界。报告称，他们非常确定，20 年里，一定会有一枚甚至多枚核武器被使用。这个结论存在可能性——核武器的使用很可能不是发生在美中之间，而是更容易发生在类似印度和巴基斯坦这样同一个地区的国家间。

这不能不让人想到 19 世纪末，那时一些地区不稳定因素成为大国处理起来异常棘手的问题。

环球时报： 关于“大国间的竞争究竟会以什么方式进行”，您有答案吗？我们需要警惕哪些问题？

文安立： 我认为将会是伙伴式的竞争。至少，只要全球经济体系的理念还存在，人们还在一个一体化的经济体系中相互合作并从中受益（竞争就应以这种方式进行）。

很重要的一点是要避免这种情况，即美中之间的意识形态分歧让双方领导层认为，两国间一定会发生冲突。一旦双方这样想，那事情就变得危险了。与此相似的情形或许不是冷战，而是第一次世界大战前夕——1912 年时，没人预测到德法、德英间会爆发战争，尽管双方存在激烈竞争。而之所以竞争在 1914 年夏天演变成一场灾难性的战争，很大程度上是受相当空洞模糊的意识形态差异的影响，即认为德国中央集权、专制、经济不自由，而英、法在政治和经济上都是自由主义国家。事实上，这些不同之处并没有那么大，在某些社会政策和社会制度方面，德国甚至领先于英国，但这样的意识形态鸿沟依然形成了。

现在，我担心同样的事情在美中间发生，双方现在都对对方存有误判。美国一些人认为，因为意识形态不同，所以中国是一个威胁。我对此有不同看法：如果 40 年前美中都能合作，为什么现在反而不行？而从中国的角度，一些人担心美国想推翻中国政府，这也是不切实际的。

环球时报：美欧之间的盟友关系会发生什么变化吗？

文安立：我们正在经历巨大的变化。冷战后美欧结盟体系的框架可能还会继续，但在实质上，美欧甚至美日之间达成政治协议的潜力大幅降低，合作空间在收窄。原因是这一冷战遗留的盟友体系已不再适合当下这个强调竞争的时代，这种竞争不仅存在于美中之间，也存在于美、德、法、日之间。这也更像

19 世纪末的盟友关系——不是面向共同的目标，而是因为共同的利益。

第二个原因与美国内部的变化有关。以前，美国是一个内部相当一体化的大国，但现在随着其他国家的崛起和美国地位的相对衰落，美国必须以自身利益为先。如果你问特朗普，他的外交政策灵感是否来自 19 世纪末，他可能不会明白你在说什么，但在历史学家眼中，二者惊人的相似。

● 冷战历史留下“四堂课”

环球时报： 在您提到的全球新格局中，东亚将会扮演什么样的角色？

文安立： 我有些担心这个地区接下来会发生什么。如果美中真的走向冲突，我想很可能是因为一个和东亚地区有关的问题，而不是因为两国之间发生了什么——没有人会因为贸易问题或网络攻击而发起战争。

有些历史学家认为，在大国冲突中，一些具体障碍会产生严重后果，我想朝鲜半岛问题可能正是这样的障碍。朝鲜半岛仍然存在真正的战争风险。

正如我的朋友格雷厄姆·艾利森（“修昔底德陷阱”提出者——编者注）常说的，中国的战略环境真的十分复杂：不像美国那样有加拿大和墨西哥为邻，中国的邻居是日本、越南、朝鲜和韩国，和这些国家的关系更不容易处理。中国必须从某一个“点”开始，把局势转向对中国更积极的方向，而我认为这个“点”应该是朝鲜半岛，其中的关键是中韩关系。

环球时报：今天的我们能从冷战中汲取哪些经验教训？

文安立：第一，大国需要规范自己的行为，换句话说，要弄清楚能做什么、不能做什么，以避免引发比自己想象的大得多的冲突。冷战期间，除了古巴导弹危机，美苏都没有真正以生死存亡的形式威胁过对方。

第二，需要加强军备控制。在我看来，今天美中关系中最可怕的事情之一是：不存在实际且有效的军备控制机制。有人认为，网络空间和激光等新型武器让军备控制更不容易有效，但军备控制本来就不是百分之百有效的，关键在于双方的交流可以在某种程度上避免对对方研制新式武器的误解。

第三，大国间需要尊重彼此的核心利益。比如冷战期间，苏联并未试图在西方世界使用自己的军事力量，而美国也对东欧在1956年的动荡保持克制。不过，要让核心利益更有意义，各国必须对究竟什么是自己的核心利益有一个明确且狭窄的定义，现在美中在这点上做得都不是很好。

第四，大国需要共同遏制并解决地区冲突。冷战期间，美苏在大多数情况下能够讨论自身核心利益以外地区的问题，比如非洲、中东，而今天大国间的这种“缓冲区”少多了。

（摘编自《环球时报》2019年4月9日，原标题为《冷战史权威专家、哈佛大学学者文安立：中美“冷战2.0”是无稽之谈》，作者为环球时报记者白云怡、李艾鑫）

第六篇　文化底蕴：世界如何认识中国经验

- 中华历史 5000 年，文化博大精深。作为中国的一张宝贵名片，中华优秀传统文化是当代中国最深厚的软实力。在优秀文化滋养下的中国人，普遍温和谦让，懂得感恩。这种特质投射到国际社会，就是善学习、有智慧、负责任。这一点，已越来越为国际社会大多数国家所认同。今天，在“走出去”的过程中，我们一定要讲好中国故事，不仅仅定位于一个正在上升的经济体，而是一个能够为世界作出更大贡献、底蕴深厚的文化大国。

［英国］艾伦·麦克法兰：
鼓吹“中美文明冲突”既愚蠢又危险

文明，这是最近颇受关注的一个词和话题。前不久，美国国务院政策规划主任斯金纳将美中关系视作“文明较量”，该言论一出便受到各界批评。与此形成鲜明对比的是，2019 年 5 月中下旬，亚洲文明对话大会在北京举行，凸显中国对推动文明交流互鉴的重视。究竟该如何看待当今世界存在的不同文明？环球时报记者 6 月专访了英国学者艾伦·麦克法兰。麦克法兰是著名人类学家、历史学家、英国国家学术院院士、剑桥大学国王学院终身院士，专注于现代世界诸起源及特性的比较研究，最近他的新作就集中在这一领域:《中国、日本、欧洲和盎格鲁世界：关于四种文明的比较研究》（*China*，*Japan*，*Europe and the Anglo-sphere*，*A Comparative Analysis*）。

● 与亨廷顿相反，我写的是“文明的和谐”

环球时报：能否简要介绍一下您写这本书的初衷及其内容？

麦克法兰：学术界的很多作品，其实内容往往与作者在生活中的遭遇和经历有关。我出生在印度，年少回到英国，通过学校和家人的教育，学会如何成为英国人。我曾认为英国人的做事方式才是正确的。在大学和博士研究期间，我学习历史，接受历史学家的训练，之后又成为人类学家。在尼泊尔从事研究工作时，我发现了一个完全不同的文明社会，它挑战了我所有的信仰。大约 15 年后，我应邀去日本讲学，再次经历文化冲击。又过了 15 年，我开始每年前往中国访问，当然又经历了文化冲击。所以，我亲身经历过三到四种不同的文明。

生活在英国，我一直知道英国和欧洲文明是不同的。英国和美国是一种文明，我们称之为盎格鲁文化圈。我们与欧洲国家的宗教、文化、家庭、教育制度都很不一样，这是很多英国人要求脱欧的深层次原因。

有了这些经历后，我想是不是应该写本书把它们比较一下，而且要写得足够简练，让处于不同文明中的普通人都能读懂，这样能帮助大家更好地了解对方。我写这本书是一种有意识的尝试，与亨廷顿的《文明的冲突》相反，我的书是关于文明的和谐。

环球时报：您在书中向西方读者介绍中国，为什么觉得应该介绍中国？

麦克法兰： 因为中国太重要了。中国正走在成为世界上最强大国家的道路上，而且在历史上的大部分时间里，它都是最强大的国家。对西方人来说，了解这个伟大的文明非常重要。不论是从历史、文化、商业还是教育的角度，西方人都应该了解中国。

了解一种文明，往往需要四五把钥匙来解密。法国比较社会学家托克维尔在《论美国的民主》中，将美国与英国作比较，同时在心中又与法国对比，从文明的角度进行探讨。当一个文明开始时，你会发现它就像一粒种子，慢慢长成一棵大树，如果你想了解现在的中国之树，或现在的英国之树，就应该去追溯该文明的种子。

从某种程度上来说，中国的种子是在公元前 221 年秦始皇时播下的。秦始皇不仅在军事和政治上统一了中国，而且建立了一种在任何文明中都不曾存在过的新的统治形式，也就是我们所说的中央集权官僚体制。统治阶层不仅仅是军人或封建主，而且大部分是受过教育的文官。这样的政府形式历经各种入侵和变化，但从根本上没有改变，所以中国是地球上唯一一个由知识精英团体来统治的文明。

历史上，英国的体系很大程度上是由上流社会继承和中产阶级管理，法国由军队和教会等管理，而印度是种姓制度。中国有一个完全不同的政治结构，这影响了其社会生活的各个方面，包括教育系统。教育体系是中国社会进步的基础，历史性地影响着中国的经济制度。“万般皆下品，唯有读书高”，中国人的群体甚至可以依照读书人（士）和非读书人来划分。从那时起，中国的发展轨迹就与其他世界文明迥然不同，帝国体制从最高层向下授权，它现在在很多方面还影响着中国。

理解中国的另一把钥匙，是中国有一个完全不同的宗教体系。西方社会是以基督教或伊斯兰教、犹太教为基础的，这些都是一神教，由一位神来控制一切。而中国有很多宗教，也可以说没有。中国有儒家思想、道教、佛教、祖先崇拜，所有仪式、信仰混合在一起又相互宽容。我第一次看到并理解这种混合与宽容的信仰模式，是在一个偏远的喜马拉雅山村庄，在那里，我作为一个来自基督教传统国家的人很是惊讶。我看到他们先在自家祭拜祖先，然后出去做印度教仪式，之后拜了佛。这对他们来说不存在任何问题。

中国在宗教上非常宽容，因此从来没有像西方那样进行布道。虽然现在有孔子学院，但中国政府并不想让世界成为儒家或佛教的世界，中国对此不感兴趣。我们生活在一神教的世界，而中国人生活在信仰的混合体中，这是要说明的两个关键。

● “我想记录下当今世界最大的变化”

环球时报：提到文明，前不久美国国务院一名官员有关中美“文明冲突”的说法引起很大争议，您怎么看？

麦克法兰：我认为这绝对是愚蠢的，也是非常危险的。亨廷顿的书对某些美国官员而言是“圣经”，甚至美国总统特朗普的很多政策，例如建墙、加征关税等都间接来自它。1997 年，亨廷顿在书的结尾说，中国是一个巨大威胁，应该阻止它追上我们。但即便那时，他也表示没有希望了，为时已晚。于是他建议找到那些想要破坏中国（发展）的人，世界各地持不同政见的团体，或者中国国内想要推翻政府的人，给他们援助和金钱。

美国必须接受这样一个事实，即一二十年内，它将不会是最强大的经济体。这并不重要，因为现在的世界不是以旧的方式分裂成民族国家，而是一个全球化的世界。亚当·斯密的经济学基本原理是：贸易与合作才是双赢的。特朗普起家于房地产，他根本不懂经济学。他认为这是一场对抗的战斗。事实上，亚当·斯密说，你应该与人交易，因为他们对你有利，所以你们一起工作。这是他的哲学的基础——协作与合作。这才是通往辉煌的道路。

环球时报： 您第一次去中国是 1996 年，2002 年后每年都去。您如何看中国的变化？您写过《现代世界的诞生》，会写一本有关中国现代化的书吗？

麦克法兰： 我正在写一本有关中国的书。过去 20 年，我有幸和我的博士生及朋友们一起去中国，经历了这场非凡的改革。我去过中国的乡村、城镇和朋友的家。我在许多大学讲学，问任何我喜欢的问题，所以得以深入中国社会内部。

当然，每一年我们去中国，都感受到一个不同的中国。有朋友说，如果你离开北京几个月，回来便是一个不同的北京。这样的变化速度是惊人的。从1996年到2002年，中国发生了很大变化，而之后它的发展速度和变化越来越快，甚至是指数级的。

我用录像、照片、日记、对话等方式记录了中国的变化，将来我想写一本多媒体式著作，里面有文字，也有视频。我想记录下当今世界最大的变化。我是历史学家，研究过英国的工业革命等世界发展史。我认为近年来在地球上发生的任何事情，就其物理效应和其他影响而言，都没有中国在过去20年里所发生的那么大，这将改变整个未来。

环球时报： 在一些美国人当中，流行“美国赐予中国现代化”的说法，2018年，有美国领导人公开说“过去25年，是我们重建了中国”。对于中国的发展成就，美国起到的作用有多大？

麦克法兰： 1996年我们去北京时，还没有什么美国印迹，如汽车是德国“大众”，很多舶来品来自其他国家。英国人早在美中建交前就已经与中国合作了。人们对美国重建欧洲的“马歇尔计划”记忆犹新，所以很多人可能认为美国帮助中国实现了重建，但其实可能只有10%或者20%（归功于它）。美国的逻辑是，既然是它重建的，它就有权力去摧毁。

● 英中可打造东西方“文化彩虹”

环球时报： 英国在“一带一路”倡议中扮演什么角色？意大利已经宣布加入，英国会是下一个加入的G7国家吗？

麦克法兰： 我希望英国能加入，大家都知道我们是第一个加入亚投行的（西方）国家。但我怀疑，出于某些政治原因，我们可能很难正式宣布加入“一带一路”倡议。换句话说，我猜测英国会同意一些合作，但不会说我们是共建“一带一路”的成员。实际上，始于中国的火车已经从“一带一路”沿线国家开往英国了。

当我的中国朋友问这个问题时，我总是建议英中两国把更多精力放在文化交流上，打造中国和西方之间的文化彩虹，不同的颜色代表不同的方面，例如音乐、艺术、文学、哲学、教育等。中国有着古老的文化、文明，和英国一样重视花园、诗歌、文学，我们可以交流和分享的事情有很多。

中英两国领导人曾签署一项关于两国文化交流的协议，中国可以将其扩展到所有其他文化体，包括欧洲、非洲等，同时从非洲、欧洲等地带回有价值的东西。在这样的文化“一带一路”或文化彩虹方面，可以大有作为。因此，英中间的友谊和文化交流有着美好的未来，经济和技术交流自然会逐步跟进。

（摘编自《环球时报》2019 年 6 月 18 日，原标题为《英国国家学术院院士艾伦·麦克法兰：鼓吹“中美文明冲突”既愚蠢又危险》，作者为环球时报驻英国特约记者孙微）

［新加坡］顾清扬：

40 年，新加坡三次与中国战略对接

“你们有一座美丽的城市，一座花园城市。”1978 年，中国改革开放总设计师邓小平访问新加坡时，对时任新加坡总理李光耀如是说。得到的回应不仅有感谢，还有这样一句话：“你们将比我们做得更好。”14 年后，邓小平在著名的南方谈话中提到，应该向新加坡学习：“新加坡的社会秩序算是好的，他们管得严，我们应当借鉴他们的经验，而且比他们管得更好。”从为中国政府官员提供培训课程，到与中国合作开展苏州工业园区项目，新加坡在中国的改革开放进程中一直是不可忽视的存在。2018 年 8 月，新加坡国立大学李光耀公共政策学院副教授顾清扬接受环球时报记者专访。20 多年来，他广泛参与新加坡针对中国政府官员开设的培训课程，对新加坡在中国改革开放中扮演的角色深有体会。

变与不变

环球时报：在中国改革开放进程中，新加坡扮演的角色是否发生转变？

顾清扬：新加坡很早就意识到，中国未来的发展潜力是可以被期待的。已故新加坡首任总理李光耀1976年就访问过中国，那时候全世界都不看好中国。但新加坡基于对中国民族性和文化性的判断，比较超前地认识到中国未来发展的巨大潜力。此后，新加坡不断参与中国在各个发展阶段的工作，并且与中国整个社会、经济发展的主旋律变化紧密结合，随时进行角色转换。

从1978年到20世纪80年代，中国还处于探索阶段，尚未形成大的思路和战略，那时新加坡和中国的合作主要是贸易活动。20世纪90年代，中国加快实现工业化和制造业升级，新加坡提出共建苏州工业园区作为旗舰项目。2007年，中国强调落实科学发展观，其中包括促进人与自然和谐发展，新加坡积极应对并适时作出调整，提出联手打造天津生态城项目。

中国国家主席习近平2013年提出“一带一路”倡议后，2015年，中新启动另外一项大规模政府间合作——中新（重庆）战略性互联互通示范项目。该项目的狭义概念在于西部地区的互联互通，更广泛的意义在于以西部为基地，通过新疆地区走出去连接中亚，同时与中国的西南、华南地区建立联系，打通陆上丝绸之路和海上丝绸之路，很好地对接了中国发展的新战略。

中国改革开放进程的每一次转型升级，都为中新两国提供新的合作契机，两国的政府间合作项目是其主要的表现形式。从宏观战略角度来看，新加坡实际上一直扮演着主动参与中国发展的角色。新加坡前总理吴作栋于 20 世纪 90 年代提出“搭上中国的顺风车”，意思是说不论中国发展到哪个阶段，新加坡都要作出相应调整，以适应中国的变化，为新加坡赢得一个共同发展的机会。从这个角度来看，新加坡的角色又似乎没有发生变化。

●“软硬兼学”

环球时报：20 多年来，您广泛参与新加坡为中国政府官员提供的培训，请问这类课程的主要内容是什么？

顾清扬：新加坡在 20 多年的时间里培训了很多中国干部和企业高管，培训内容不仅限于某一方面，而是尝试从新加坡社会发展的系统性出发，着重于原理阐述，同时把课堂学习和参观考察结合起来。更重要的是，紧密联系中国的实际情况，落脚点最终要回到解决中国的具体问题上，反思中国应该有的发展思路。

教学内容通常包含三大部分：全球趋势的把握，包括理论方面的新发现、探讨以及全球实践，比如像全球科技创新、新型国际贸易和国际投资以及金融科技等；新加坡的实践，结合新加坡的案例，进行现场考察，并与新加坡政府官员和企业高管对话；联系中国发展实际，讨论如何解决中国面临的问题和挑战。通过这三大部分三个时空反复转换对比，让学员做出思考判断，博采众长。

环球时报：您认为，中国官员在学习借鉴新加坡经验的过程中是否出现过偏差？

顾清扬：我觉得刚开始时会有一些偏差。我看到一些来考察的官员反复询问："新加坡到底是怎么做的？我回去以后能不能照搬？"当时这种试图从新加坡找到直接答案的思路，在我看来是一种偏差。中国不论向世界上任何一个国家学习，都不可能找到一个可以直接照抄过去的解决方案。我告诉中国的官员和企业家，新加坡的发展有其独特的国情背景，关键要理解新加坡发展和治理背后的原理，融会贯通之后才能根据中国国情举一反三，结合各省市地方的情况，探索出适合中国的解决方案。

环球时报：有声音说中国只学到了新加坡的"硬件"，没学到"软件"，对此您如何看？

顾清扬：中国对新加坡进行考察并借鉴经验时，随着自身所处发展阶段的不同，重点也不一样。改革开放初期，中国的重点较多地放在经济建设上，当然就会主要考察新加坡的"硬件"，比方说工业园区的建设、招商引资等。在当时的历史环境中，中国这样做无可厚非。

当中新两国之间的合作日益推进时，特别是中国本身取得很大经济发展以后，中国对“软件”的需求开始凸显出来。苏州工业园区管委会就专门成立对口部门，与新加坡有关机构讨论交流“软件”转移工作，比如苏州的“社区概念”“邻里中心概念”以及“社会保障概念”等都是从新加坡借鉴过来的。

后来，中国不断考察新加坡的制度建设特点，比如执政党的建设、基层组织建设、法制建设、政府运作以及政策制定和执行特征等。前些年，中国一些沿海地区城市陆续建立了自贸区，其中也大量借鉴新加坡外向型经济和国际化运作的制度和规则，比如发展国际金融、国际投资以及全球贸易的相关规则等内容。因此，我认为说中国只学习到了新加坡的“硬件”而没学到“软件”的看法是片面的，中国实际上是“软硬兼学”。

● 新加坡的启发

环球时报：您认为对于中国来说，新加坡的经验已经“学完了”吗？

顾清扬：从传统思路来讲，新加坡能让中国学习的东西可能是有限的。但是新加坡自己也一直在伴随着中国的发展以及全球的变化节奏而进行升级。从另外一个角度看，当前中国发展的大方向是在“一带一路”倡议的引领下，全面融入国际轨道，新加坡恰恰能在这方面为中国提供新启示。比如，如何打造国际金融中心，如何融入全球贸易体系，如何参与国际经济组织的运作，如何借助外力发展本国市场等，新加坡仍然可以

▲新加坡城市景观（中新社　章轲/摄）

作为中国借鉴和考察的样本。

环球时报： 通过参与中国改革开放，新加坡得到什么启发？

顾清扬： 在与其他国家合作时，如何重视合作伙伴不同的文化背景，我想这是新加坡从与中国合作中得到的一个非常重要的启发。

早期新加坡和中国合作时，主要是强调新加坡国内行之有效的做法，但这很难行得通。磨合当中，新加坡慢慢意识到必须要考虑、尊重对方国家的体制和文化，融会贯通的方案才是最优解。

另外一个启发源于中国的“一带一路”倡议，新加坡希望充分利用陆上丝绸之路和海上丝绸之路所带来的机遇，为国际贸易开辟新空间，融入更广泛的世界分工中去。

● 中国的未来可能在两条线上做文章

环球时报：我们该如何总结中国的这40年？有何“得”与“失”？

顾清扬：总结起来就是八个字：对内改革，对外开放。这两者相互影响，相互促进。农村实行家庭联产承包责任制，大量民营企业涌入工业发展领域，国有经济作出制度突破的变革，这是“对内改革”取得的成就。与此同时，中国加入世界贸易组织，参与国际经济循环，实行“对外开放”。这种开放不仅是资金、技术和市场的开放，更是一种对新的制度、模式以及思维的开放。

我认为，中国的“得”很明显，比如经济发展、城市化建设、在制造业方面取得成就等。而中国最大的“失”在于，忽略了可持续发展和环境问题。此外，在一些市场调控失灵较为严重的领域，过多地采用市场机制，比如住房、医疗和教育等领域，这导致其公益性和平等性没能得到很好的保证。当然，中国已经意识到这些问题，相信会逐渐有所好转。

环球时报：您对中国今后的40年有何展望？

顾清扬：我认为未来中国的发展可能在两条线上做文章。一方面，在改革开放40年的基础上，加速国内的现代治理体系建设和治理能力的提升。中国现在面临着复杂的国际形势和国内发展的瓶颈，处于特别时期，必须和时间赛跑，加快进一步改革和升级的步伐。

另一方面，美国在全球化方面开始倒退，但是国际社会客观上对全球化仍有所需求，呼唤着出现一股新力量，很多人对中国抱有期望，这给中国提供了很好的机遇。中国要珍惜这样的机遇，全方位地融入全球经济体系和全球治理体系当中去，要像过去40年那样，借力全球的先进实践经验择善而从，为我所用。

（摘编自《环球时报》2018年8月21日，原标题为《〈环球时报〉专访新加坡国立大学副教授顾清扬：40年，新加坡三次与中国战略对接》，作者为环球时报记者邢晓婧）

［德国］冯·阿姆斯贝格：
中国是一个非常负责的大股东

2019年1月16日，由中国倡议成立的亚洲基础设施投资银行（亚投行）运营整整三年了。在过去三年里，亚投行向世界交出“成员数由57个增至93个、批准项目投资达75亿美元”的成绩单。不久前，环球时报记者走进亚投行位于北京金融街的总部。专业、高效、国际化，这是亚投行工作人员给记者留下的第一印象。在这里，记者见到了负责运营政策与战略事务的德国籍副行长冯·阿姆斯贝格博士。他曾经在世界银行供职25年。作为一名经验丰富的西方金融专家，冯·阿姆斯贝格如何评价中国在主导运营国际机构这条道路上的第一次尝试？“中国完全理解亚投行不是一家中国银行，而是一家多边开发银行”“在亚投行，每个声音都会得到尊重”……冯·阿姆斯贝格对环球时报记者这样说。

●“我们的融资项目能让几百万孟加拉国人用上电”

环球时报： 作为一名曾在世界银行工作多年并担任重要职务的金融专家，您当初为何选择来到亚投行这样一个在中国成立的“年轻”多边开发银行？

冯·阿姆斯贝格： 我的整个职业生涯都在致力于发展金融领域。亚投行刚成立时，我接到协助建立这一多边银行的邀请，当时我非常激动。我能把自己在世界银行帮助多国推动经济发展的经验带到一个新生的多边机构，使它得以借鉴成熟多边银行的经验，这是独一无二的职业契机。此外，作为一个多边主义的信奉者，我相信亚投行的创建将有助于重振多边主义与多边金融的活力，这符合 21 世纪的发展趋势。

目前看来，亚投行正在实现当年设定的目标，可以说是走在一条正确的道路上。通过三年努力，亚投行的架构已基本成形，拥有核心员工，并开始发放贷款和债券，为客户服务。此外，我们已制定完成亚投行的基本原则与战略，即坚持多边治理原则和在决定贷款项目时综合考虑社会、环境等因素的高标准原则，这两个原则成为亚投行的两大基石。

总的来说，亚投行已为未来发展打下坚实基础。不过与基础设施融资的巨大需求相比，我们目前的经营规模还比较小，如何扩大规模、满足各个成员的融资需求，是摆在我们面前的挑战。

环球时报： 在亚投行目前进行的融资项目中，您印象最深的有哪些？你们如何保证每个项目都符合亚投行的高标准要求？

冯·阿姆斯贝格： 截至目前，亚投行为35个不同项目提供75亿美元的融资贷款。这个数字并不大，但有一些项目已经能看到成果了。比如在孟加拉国的一个电力项目，它旨在帮助该国电力企业建造输电线路，让大量此前没有电力供应的家庭用上电。尽管这个项目听起来好像不那么令人兴奋，但它是关乎民众生计的项目，意味着几百万人将拥有照明设施和更干净的家庭环境。目前，这一工程大部分投入使用，它是我们第一个显示出较大规模社会效益的项目。

第二个我想分享的项目是我们和国际金融公司（IFC）共同在埃及注资的一项工程。我们向11家私人企业提供贷款，帮助它们在埃及南部沙漠中建造太阳能发电设施。这是一个让我们感到十分自豪的项目，不仅体现了新能源的发展趋势，也让私营部门参与到基础设施建设中来。目前该项目还在建设中。

为保证每个项目都符合亚投行的高标准要求，我们与每个客户签署贷款协议时，要求他们同时承诺遵守亚投行有关环境、社会等的政策与标准。我们也会随时监督项目的施工进程，确保相关政策得到执行。尤其是我们的员工中有一些环保与居民重新安置方面的专家，他们会经常前往项目所在地进行实地考察，并与当地民众交谈，询问项目对当地的影响。

▲位于北京市金融街的亚洲基础设施投资银行总部（中新社　陈晓根 / 摄）

●“多边精神之美”

环球时报： 亚投行是中国发起并主导成立的第一个真正意义上的国际机构。您如何评价过去三年里中国在推动亚投行建立与运营中的表现？

冯·阿姆斯贝格： 中国是亚投行的发起者和最大股东，也一直对亚投行给予很多支持。可以说，如果没有当时中国的积极推动，亚投行几乎不可能取得今天的成果。而从更深远的角度来说，我认为亚投行的成立也向外界表明，像中国这样的新兴国家已有能力主导建立真正的多边组织，这是为加强全球多边主义作出的重大贡献。

更重要的是，从成立的第一天起，我们就感到中国非常尊重亚投行的多边性质，这对获得其他成员的信任至关重要。中国完全理解亚投行不是一家中国银行，而是一家多边开发银行，这意味着亚投行的决策不是由中国作出，而是由各个成员集体作出。基于这些，我认为中国是一个非常负责的大股东。

中国的成功还体现在决定加入亚投行的成员数量上：从创始时的 57 个成员，到现在我们的成员数量已达到 93 个。我相信这些成员的决定正是基于（对中国的）信任和对亚投行管理模式的肯定。在亚投行，每个声音都会得到尊重，每个声音都将参与决策的制定。

环球时报：如何避免政治对贷款和其他业务的决策产生影响，一直是多边开发银行面临的一项重大挑战。尤其当亚投行总部设在中国时，西方在这方面的担忧也更多一些。您认为，亚投行是否做到了避免政治干预运营？

冯·阿姆斯贝格：自成立伊始，亚投行就建立了清晰而牢固的法律框架，作为其创建基础的国际条约明确规定了亚投行的基本决策机制，从投票权的分配到董事会、管理层的职责等。

目前来看，我们这套法律机制的执行情况良好。一方面，尽管亚投行的股份拥有者是各成员的政府，但在技术层面上，各项决策是由亚投行董事会等管理层以集体形式作出，这保证了亚投行不会扮演任何政治角色。

在实践中，我们会在作出任何一项决定前对它进行讨论，直到最终能够就其达成非常广泛的共识。另一方面，多边精神在亚投行的日常工作中也得到很好的体现，我们的重大决策由所有成员共同作出，这意味着亚投行永远不会被某一个成员控制。

中国与印度在亚投行中的互动就是这样一种“多边精神之美”的完美体现。中国是亚投行的第一大股东，而印度则是第二大股东和最大客户。无论两国政治关系如何，它们都在这一多边组织下携手合作。基于国家规模和所处的发展阶段等因素，印度拥有巨大的基础设施融资需求。亚投行作为一个技术而非政治机构，很自然地决定向印度一些优质项目提供融资。这说明亚投行的融资决策并不受各成员之间政治关系影响，而是基于技术标准、项目质量和融资需求作出的。

● “亚投行为新兴国家倡导建立多边机构开创良好先例”

环球时报： 未来三年至五年，亚投行的工作重点是什么？亚投行距离成为像世界银行、国际货币基金组织等世界级多边金融机构还有多远？

冯·阿姆斯贝格： 我们正在提升亚投行本币融资的能力，因为现在我们所有的融资活动还都仅以美元形式进行。这是一项需要在亚投行最初的五年建设期间完成的工作。另外一项很重要的挑战是如何扩大亚投行的业务规模，并向我们的客户展示亚投行能为每个项目提供的附加价值。

为此，我们为未来设定了三个首要的工作重点：首先是支持可持续发展的基础设施领域，帮助客户履行《巴黎协定》承诺，应对气候变化等问题；其次是支持跨境基础设施领域，我们已看到亚洲内部，甚至亚洲以外增强互联互通的巨大潜力；第三是动员更多私人资本，尽管亚投行将努力扩大融资规模，但与巨大的需求缺口相比，仅靠我们自身是不够的。所以我们经常思考，如何鼓励更多私人资本参与进来。为此，我们将研究更多适合与私人资本合作的项目和架构设置。

总体而言，与其他许多同类型的多边金融机构相比，亚投行在人员数量、融资额度等方面的规模还比较小。但我认为，亚投行的基本能力和架构都已到位，它在成为一个世界级、一流的多边金融组织的道路上顺利前行。

环球时报：您认为亚投行能否成为一个“先例”，在未来催生越来越多发展中国家主导设立国际组织？

冯·阿姆斯贝格：我认为亚投行为新兴国家倡导建立多边机构开创了一个良好的先例。在一个国际机构中发挥领导作用将不再只是传统的七国集团才能做的事。我想，未来完全可能有其他的类似机构出现。

但另一方面，我不认为需要刻意寻求这种数量上的增多，我们真正需要的是更强大有力的多边机构，需要它们有能力应对已经出现的各种国际挑战。无论是气候变化，还是贸易、国家间的金融相互依赖，这些挑战都越来越“国际化”，难以通过单边或双边层面解决。世界需要更强有力的多边主义，我们也希望亚投行能对此作出贡献。

（摘编自《环球时报》2019年1月16日，原标题为《亚投行副行长：中国是一个非常负责的大股东》，作者为环球时报记者白云怡）

［英国］迈克尔·伍德：
西方媒体需要公允、平实地认知中国

系列纪录片《中华的故事》火了！由英国广播公司（BBC）和美国公共电视网（PBS）联合制作的《中华的故事》于2016年1月21日起在BBC二套黄金时间段开播，共有《祖先》《丝绸之路和中国船舰》《黄金时代》《明朝》《末代王朝》和《革命时代》六集，每周四播出，每集一小时。伦敦政经学院教授西蒙表示，这部系列纪录片新颖讲究，视角独特，以相当接地气的方式讲述了中国的历史和传承，是一部认识中国、了解中国的好片子。与西方媒体以往的一些制作不同，这部系列纪录片从普通中国人的视角追溯中国5000年的历史，并讲述改革开放以来的巨大变化。《中华的故事》撰稿人兼主持人迈克尔·伍德是英国曼彻斯特大学教授，也是知名历史学家。他近日在接受环球时报记者专访时表示，随着中国的日益发展，西方媒体和公众越来越需要公允、平实地重新把脉和认知中国。

被 BBC 总裁赞叹的中国纪录片

环球时报:《中华的故事》播出后，您收到英国民众哪些反馈？

伍　德：该片于 2013 年正式开机，在近三年的拍摄期里，我们的团队去过中国 12 次。2015 年圣诞前夕，我们完成最后的剪辑工作，并很快在 BBC 二套即教育和思想频道播出。播出后，我们收到大量热情和积极的反馈，有社交媒体点赞，有观众来信，有专家评论。我拍过上百部纪录片，从没有这样的情况，甚至我在大街上、火车上，都有人认出我，把我叫住说，“我很喜欢《中华的故事》”。值得注意的是，许多年轻人都很喜欢《中华的故事》。前几天我们去中国使馆喝茶，在波特兰大地铁站出来后，有一个十七八岁的年轻女孩靠在墙边站着，像是来自加勒比地区的黑人，穿着牛仔裤和夹克。她对我说：“你拍了一部关于中国的片子，太棒了！”真想象不到，一个时髦的黑人女孩居然也关注《中华的故事》。

BBC 的负责人对这部片子很满意。两星期前，BBC 开会，总裁还专门表扬《中华的故事》，强调这样的片子才是 BBC 应该出品的。统计显示，BBC 在周四晚上 9 点黄金时段播出的节目中，《中华的故事》收视率是其他片子的两倍。BBC 播出后，不少人还在手机等客户端上收看。

就中国的反馈而言，中国网民在网上称赞的不少，他们很高兴中国的历史能被西方人以另一种方式来讲述。在播出的 24—36 小时后，就有中文版出现，在中文版被要求撤下之前，已有 100 万的点击量。

环球时报：您认为该片纠正了过去对中国的哪些误解或偏见？

伍　德：西方国家拍摄有关中国的纪录片时，在叙事内容方面总少不了“三个故事”，表现出乏善可陈的“老三样”：一是高速发展的中国经济；二是中国的政治制度；三是中国的人权和言论自由如何如何。这是片面和先入为主的做法，原本更应该谈及的大量内容被忽视，比如中国灿烂的历史、辉煌的文化、精妙的书法、高雅的绘画等。我不想改变什么，对中国的认知和理解，观众可以通过影片作出自己的理性判断。关键是这样的片子需要精益求精，拍出符合中国客观实际的纪录片非常重要。我的做法是，客观拍摄中国历史、文化，但以一种容易让西方受众接受的方式。因此，我们在片子中采访了大量能说英文的中国人，这样，包括英国在内的西方国家的观众在观看时就比较容易接受，不用看翻译字幕。

● “上升的经济大国”不足以定位中国

环球时报：您为什么对中国这么感兴趣？

伍　德：我从上学时就对中国文化感兴趣，后来通过阅读翻译的中国诗歌，对中国文化越来越喜欢。在大学时，我同宿舍是一位学习中文的德国学生，我常从这位室友那里得到有关中国的好书，从而受到潜移默化的影响，对中国的热爱遂与日俱增。1984 年，我第一次踏上中国国土，实地看到了梦寐以求的中国。

环球时报：在英国，像您一样关注中国的历史学家、文化学者多不多？

伍　德：有不少，他们研究的领域和方法、侧重点各有不同。不过，我称不上汉学家，我更多只是一位深入现场的“友好的采访者和沟通者”，通过“我在现场”“接触人物和生活”的写实手法，向观众还原一个真实的、容易被西方学者所忽略和误解的中国。可以说，这部系列片子触及观众心灵，很多西方人想尽可能多地知道关于中国的故事，除了中国高速的经济增长、庞大的市场，他们还想知道其他的。

环球时报：中国国内围绕“清朝时期，中国国内生产总值是不是世界第一”有不少讨论，您通过拍片对此话题有什么见解？为什么中国曾沦为英国等列强凌辱的对象？

伍　德：不少西方学者认同中国在18世纪，尤其是从康熙到乾隆年间的国内生产总值居世界第一。但当时的中国成为列强欺负的对象，原因是多方面的。18世纪末19世纪初，清政府陷入一系列统治危机，同时，西方列强开始趁机侵犯中国，世界已发生变化，而当时的统治者反应迟钝，没能意识到中国面临的内忧外患。再就是，清朝的统治者不关心人民，并对地方政府提出严苛的要求，让人民苦不堪言，各地起义不断，比较有影响的如太平天国运动等。结果，清政府逐步失去对地方的控制，不可能再现“康乾盛世”。

环球时报：因为有过屈辱史，中国现在讲“民族复兴”，西方人能理解其中含义吗？

伍　德：我认为，西方人已目睹了中国的经济发展和大国地位的崛起，但他们不了解中国过去150年间所遭受的坎坷和曲折，不了解中国人民所经历的一切。中国人民深受磨难，付出很多，也失去很多，今天中国的成就来之不易，现在，中国人民可以轻松一下了。但西方对中国的理解，只是把中国定位成正在上升的经济大国。

南街村是讲故事的好地方

环球时报：能讲讲拍摄中最难忘的事吗？

伍　德：老实说，最使我难忘和感动的，还是接触到的中国人。我20世纪80年代初第一次到中国时，就发现中国人很善良，很友好，很容易打交道。这次拍摄过程中，感受更是如此，甚至更为强烈。在广西桂平拍片时，当地人太热情。我坐在车上，后面都会有汽车跟着，问我们需要不需要什么帮助。在安徽歙县，我最喜欢的地方是一个名叫“九月徽州”的小旅馆，店主特别热情，还领着我们看周围的风光，看清澈的小河。如果再去中国的话，我还会去那里。希望有机会再拍中国的故事时，还能见到那些帮助该片摄影、录音的中国人。

环球时报：您为什么要选择拍摄南街村？

伍　德：其实在整个故事中，南街村并不太重要，我们只是认为那里比较有趣。但对西方人来说，南街村是讲一个故事的好地方。南街村取得过许多成绩，特别是在教育、妇女权益、卫生医疗、社会福利等方面。相比在南街村，我们在开封、扬州、苏州、无锡等地停留的时间更长。顺便提一下，开封很有趣。有人不理解，问我："你怎么那么喜欢开封？"其实，对于我以及其他历史学家来说，开封确实有特色。我于1984年、1989年和1990年去过开封，这次再到那里拍《中华的故事》时，还带着当年买的开封旅游地图，开封电视台的记者见到我的老地图惊讶不已。我则对着老地图说："开封，我回来了。"

环球时报： 纪录片有一集是《丝绸之路和中国船舰》，现在中国又提出"一带一路"倡议。您认为，现在的"丝路"是否会给世界讲述更多中国的故事？

伍　德： 我于2008年就开始撰写《中华的故事》梗概，拍摄时用了较大篇幅谈及历史上的丝绸之路。今天，中国领导人提出的"一带一路"倡议广为人知，古老的丝绸之路正在焕发出新的

▲河南省临颍县南街村的东方红广场（中新社　王科/摄）

生机和活力。可以肯定，“一带一路”倡议将为相关国家带来更多、更新的精彩故事，这些国家的人民也将会从这一倡议中受益。

环球时报：您是否有拍摄续集的计划？

伍　德：有长远的打算，不过不是现在。中国的故事值得一直讲下去。事实上，最近，我又给BBC文化和音乐等频道拍摄了一些讲述中国专题的短片。西方人要想真正了解中国的现在和未来，就必须了解中国的过去。拍摄这一系列纪录片是个巨大的挑战，也是一场不可思议的探险，对今天的中国，我们求知若渴。

● 西方理解中国文化存在一定困难

环球时报：常有人用雄狮、熊猫、龙等指代中国，您更倾向于哪个？

伍　德：当然是龙，一个伟大的中国，象征符号自然是大大的龙，而不是小小的熊猫。在中国的文化和历史中，中国龙的概念根深蒂固。我们在河南二里头文化遗址拍摄时，对这一点有着强烈的印象。从拥有约4000年历史的二里头文化遗址中发现的“绿松石龙”，龙头、龙眼、龙身都令人惊叹不已，被命名为“中国龙”，是中华民族龙图腾最直接、最正统的源头，因此，龙完全可以作为中国的象征，是中国文化符号的集中代表。两年前，英国在维多利亚和阿尔伯特博物馆举办了一个有关中国文化的主题展览，其中，龙的形象让英国观众称赏不已。

环球时报：在您看来，中国绘画、书法、雕塑等艺术，能被西方人更多理解吗？

伍　德：我认为，对中国文化，西方在理解上还是存在着一定的困难。其中最大的障碍还是语言文字，克服障碍的唯一办法，是让更多的西方人学习汉语，学习中国文化。现在，英国约有 300 所学校教授汉语，这样的学校还应增多。汉字很难学，即使是中国的孩子，掌握 5000 个汉字也并非易事。因此，学习汉语必须下大力气，熟练掌握汉语是理解中国文化的钥匙。

（摘编自《环球时报》2016 年 4 月 1 日，作者为环球时报驻英国特派记者黄培昭）

［印度］谭中：
“中国应被爱，不应被畏惧或仇恨”

88岁高龄的谭中是研究中印关系、中国文化和印度文化的知名学者，曾在印度执教近半个世纪，退休后在美国定居18年。谭中在近著《简明中国文明史》中，梳理了中国5000年文明史，追溯中华民族“命运共同体”的渊源及历史上的成功范式。近日，谭中在北京接受《环球时报》记者专访时表示，文化是国家的核心和灵魂，中国和印度在文化上更亲近，中印友好的基础更深，他的新书就是要告诉外界，中国文化没有侵略性，“中国应被爱，不应被畏惧或仇恨”。

作为文化学者，谭中首先强调中国和印度拥有很深的文化渊源，位于“喜马拉雅圈”中的印度文明与中国文明代表着两大孪生姐妹文明，具有文化亲属关系。例如，中国古代很多神的原型都来自印度。从佛教来看，更是如此。1951年1月26日，毛泽东到印度驻华大使官邸参加招待会。毛泽东和印度大使讲了中国民间有关“归西”的典故，说中国人死后都希望到印度去投胎。印度大使听后惊讶不已。毛泽东提到的是佛教中的一个说法，我们常讲“人死后荣归西天”，“西天”就是指印度。

当环球时报记者问“这种渊源是否能弥合中印两国的政治分歧”时，谭中表示，现在很多中国和印度的年轻人忘了这种文化渊源，在看待彼此国家时，很多人都受到西方影响，把竞争、对抗当成新鲜和刺激的话题。谭中说：“中国不再把印度看作一个文明的兄弟，而印度也只看到中国的强大，害怕中国，认为受到了威胁。两国很多媒体人也很年轻，在各类渲染冲突的报道中就可以看出来。打仗说起来十分轻松，但实际上战争一旦来临，所有人都会十分痛苦。因此，两国年轻人一定要了解两国的文化历史，促进两个文明的融合。”

“有朋友创造了‘Chindia’的说法，我认为不应叫‘中印国’，而应叫‘中印大同’。中印应是文明共同体，甚至命运共同体。这有什么不好呢？”谭中告诉记者，中印两国在古代就是文明的共同体。如中国深受印度影响，成语“想入非非”等都是印度宗教里的概念。同样，中国文化也融入印度。有钱人到山上朝圣时会喝茶，于是中国的茶叶、瓷器渐渐风行起来，印度人开始喜欢喝茶。两国在交往中逐渐你中有我、我中有你。

谭中认为，中印关系以前是“你中有我”，现在是“近邻效应”。朋友是可以换的，但邻居搬不走。“近邻效应”导致邻居之间彼此竞争，但不会敌对。印度必须同中国和平相处，不管怎样都不能和邻居敌对。谭中说：“目前印度的状态就是看着中国的成就，想要比一比。他们承认中国走得快，比印度先进得多，想要和中国并行。其实，在美国和西方，称赞中国进步得快的很多学者都是印度裔，印裔美国经济学家、现任印度政府首席经济顾问阿文德·萨勃拉曼尼亚就常对美国人说，不要小看中国，中国有一天会超过西方。”

谈到美国对中印关系的影响，谭中表示，其实美国也很矛盾，既怕中国走得太快，又要依靠中国，所以美国不会一直联合印度反对中国。美国想把印度变成自己人，想扶起印度，不让中国一枝独秀。但他认为：“即便美国拉拢印度，也不会一直如愿，因为印度和日本的角色截然不同。印度是独立的，会按照自己的意愿行事。而且美国人总认为，印度人自尊心太强，好为人师，走得太近，美国人会吃不消。”

（摘编自《环球时报》2017 年 11 月 21 日，原标题为《著名印籍华裔学者谭中谈“中印大同” 中印应是文明和命运的共同体》，作者为环球时报记者张骜）